一个小学校长的

学习札记

四川省陶行知研究会　组编

包蕾　著

电子科技大学出版社

图书在版编目(CIP)数据

一个小学校长的学习札记/包蕾著.
—成都:电子科技大学出版社,2011.9(2015.4重印)
ISBN 978-7-5647-0924-2

Ⅰ.①一… Ⅱ.①包… Ⅲ.①小学—校长—学校管理—研究
Ⅳ.①G627.1

中国版本图书馆 CIP 数据核字(2011)第156475号

一个小学校长的学习札记

四川省陶行知研究会 组编
包蕾 著

出　　版	电子科技大学出版社(成都市一环路东一段159号电子信息产业大厦 邮编:610051)
策划编辑	万晓桐
责任编辑	万晓桐
主　　页	www.uestcp.com.cn
电子邮箱	uestcp@uestcp.com.cn
发　　行	新华书店经销
印　　刷	四川煤田地质制图印刷厂
成品尺寸	146mm×210mm
印　　张	7
字　　数	182千字
版　　次	2011年9月第一版
印　　次	2015年4月第二次印刷
书　　号	ISBN 978-7-5647-0924-2
定　　价	40.00元

序　一

智者不惑，仁者不忧，勇者不惧。优秀校长应该智、仁、勇俱全。

智是指有智慧。校长不能做墙头草，东风来了随着东风倒，西风来了随着西风倒，没有自己的主见。不管改革风云如何变幻，校长对教育有一种朴素的心态，教育本来很简单，我们把它搞得太复杂、太花哨了。智慧主要体现为思维方式和思维水平。真正有作为的校长和平庸的校长，他们的区别不是细节上的区别，他们从根上就不一样，他们看问题的视角、角度不一样，看问题站的高度不一样，这是最根本的差异。有智慧的校长该做什么事、不做什么事他心里清楚，学校未来五年的发展很清楚，不迷惑。很多校长总是犯经验主义，他的前任怎么当他就怎么当，或者看别人怎么干他就怎么干，这是导致今天教育被人诟病的因素之一。

仁是指有爱心。学校应是首善之地，有爱才有教育，教师要有爱心，校长更需要有爱心。校长对老师对学生应该充满爱心，善待老师和学生。教育是道德的事业，变革型领导的高级形态是道德型领导，我们手中硬权力可以压服一个老师，但是永远不能感动一个老师，能感动人的永远都是我们的道德力量和人格魅力。在管理老师的过程当中，我们要用制度管校，还要以德治校，法和德要结合起来，说到底就是以人为本。

勇是指有勇气。校长要勇于创新、创造，勇于否定自己，勇于承担社会责任。校长这个身份非常特殊，他可以通过管理好一所学校，带动一方文明的进步，所以，无论校长身处何地，都应该有所革新创造的抱负，有所作为成就的意志，而这是需要勇气的。

本书呈现给我们的是包蕾校长追求智、仁、勇的心路历程，其间，有深刻反思，有痛苦的求索，有欣然的获得。

校长不仅仅是实践者，也是研究者。校长要乐于并善于在实践中发现问题、反思问题、解决问题，校长的思维方式和思维品质决定着其工作方式和管理水平。立德、立功、立言三位一体，相得益彰。从本书之“立言”，可以窥见作者对于立德、立功的反思，以及作者立德、立功所达到的境界。

本书以“初任校长的激情与困惑、北京师大的学习与反思、海峡两岸的交流与感悟、英国之行的见闻与思索”四个章节真实呈现了她学习期间的感受。透过文字，我们可以清晰地看到包蕾校长学习、探索的思维轨迹；身临其境般跟随她走进校园，走进北京师大，走进台湾，走进英国；分享她的教育思绪和教育情怀。

宁静致远。现世风浮躁，能够静心写作的校长目前并不多见，能够言之成文、启迪他人的就更值得珍惜和鼓励。写作是校长专业学习、专业化成长的重要路径。本书作者以一个校长的身份、以真诚的情感、隽永的笔触，真实地展现自己的专业成长经历；文笔间吐露喜怒哀乐的率真，直抒胸臆情怀的率性，呐喊教育信仰的率直让人感动。相信本书能为广大中小学校长以丰富的启迪。

教育部小学校长培训中心围绕“培养教育家型校长”目标，开办了“全国优秀小学校长高级研究班”，包蕾校长是本班的第二期学员。作为培训中心主任看到学员的学习成果，专业成长，学校发展，颇感欣慰和欣喜。故作此序，并为大家广为推荐！

教育部小学校长培训中心主任

褚宏启

2011.6.5

生活方式是最重要的文化
（序二）

七年前认识包蕾，她是大邑县北街小学的副校长，分管学校的德育工作，后来成为校长。这所小学，自百年前走来，接触它就能够给人留下很深的印象：学校教师谈吐文雅，有深度；具备倾听和发问的习惯；对专家的看法不苟同……后来，读到他们的文章，那文章不仅文从字顺，情理交织，还特别地有小学的个性，又能够跳出小学圈子的特殊感受。在与"北小人"的若干次交谈中，说话的大有人在，而包蕾的话不多。但是，她那倾听的神情，自然会形成一种印象。倾听是一种重要的学习。

与"北小人"聊得最多的是情趣教育。乍一听来，情趣教育非常有吸引力，但是要把情趣教育放在学校中推行，使之日复一日地引领学校生活，使师生成为有情趣的人、高尚的人，这就难办了。当下的学校，都被要求进行教育研究，甚至做教育实验。在生活里，一个人一般地陶冶情趣，模模糊糊地情趣化，逐步地增益兴味和情感并不难。只要学习着和体验着，每一个人都会变化得文质彬彬，渐长情趣。但是，做教育实验却不仅如此，实验规矩要求把人们怎样被教育训练成为有情趣的人的做法，条分缕析地说清楚，这就非常难了。事实上，一些先前搞过情趣教育的学校，之所以没有取得有始有终的结果，问题就出在说不清楚上。

包蕾和她的同事们不是这样。他们对情趣教育提出问题，以问题推动研究，使这项工作真正地落在了实处。造成这种现象的原因是这个集体喜欢学习，长于学习。《一个小学校长的学习札记》写的是个人，反映的却是集体，其中也记录了初步解决情趣教育研究难题的过程。

有人说,文化有成千上万个定义或者说法,笔者却赞成“文化就是生活方式”。我与“北小人”在道家山庄讨论过,在水边议论过……周围是麻将的精彩、嬉戏的喧闹、猜拳行令的吼声,但是,“北小人”依然能够专注地阅读,沉静地思考,激烈地碰撞……学习的精神和境界已然养成为文化。一说文化,就会觉得那是高不可攀的东西,误解文化到这种程度,就可能把文化修炼变成大跃进。学习是一种文化,学习最能够诠释文化,因为学习和文化都具有绵时性,需要在时间里发酵,历练和发生情绪和思绪。“北小人”面对事业怀揣着一种深究的认识和感情,他们把工作建于学习之上,把快乐放在践行当中。

在《一个小学校长的学习札记》里,我这个“先睹为快”的读者,再一次把“北小人”的心迹和事迹联系在一起。普希金有句诗:那一切的过往,终将染上莫名的相思。包蕾在这本札记里,用这样一句话来描述学习参观后的心迹,贴切而深沉,透露出见识及其反思,享受的是“学而时习之,不亦说乎”的美妙。这就是北小的依据。

对于校长和教师的培训,国家和地方真正地下了决心,动用了财力。如同人的个性万紫千红一样,同样的学习,起点不同,状态不同,效果也不一样。北小的进步源于学习生活,北小的学习程度,让人感受到步履的矫健、进步的结实。以旁观者的笔头要勾勒出“北小人”和包蕾校长的学习情境不太容易把握分寸。

《一个小学校长的学习札记》部头不大,容易卒读。在浏览中,《札记》会呈现一幅幅学习、思考、运用的画卷,释放出包蕾们的心情和旨趣:“学习的幸福就这样被我拥入怀抱”。依恋学习,享用学习,是“北小人”的基本生活方式,也是一种文化方式。

四川省陶行知研究会一直关注北街小学的发展,支持他们实验、总结和著述。

姚文忠

2011.6

自　序

1997年的秋天，儿子上小学一年级，他就读于我的学校——成都市大邑县北街小学。为了便于教育儿子，我主动申请教一年级，基于“异子而教”的道理，我没让他读我的班级。当时我和天下很多母亲一样，充满着兴奋和期待的心情。今天活泼灵动、天真无知的他，十几年后将会成为怎样的青年？我向书本请教，好不容易找到一本罗素的《教育与美好生活》。“在某种意义上可以说，如果一个教育工作者生产的成果不是他所追求的目标，那他可能是一个笨人。”这句话久久回旋在我的脑际，开始了教育的思考之旅。每每有些心得，便付诸笔端，渐渐养成习惯。

2006年8月，我在本校担任校长后，对教育的思考范围更趋于广阔，思考的层次也逐步走向理性。期待着，有那么一天，能够显示出思考的深刻。把思考诉诸于笔端，犹如母亲看着自己的孩子，再丑陋都因为是自己的而倍加珍惜。每每有所新进步、新收获，更是欣喜。真如《兰亭序》所言：“当其欣于所遇，暂得于己，快然自足，不知老之将至。”

任校长的几年间，我两度到北京参加教育部在北师大举办的“第二十期小学骨干校长研修班”“第二期全国优秀小学校长高级研究班”培训。2009年10月携论文到台湾参加两岸三地的教育学术交流。2010年10月作为高研班成员赴英国考察学习。我非常珍惜如此高规格的培训，难得的出境学习机会。为了永远留住此段记忆，为了提升和梳理自己的思维和思想，为了回校给教师们、朋友们传播和分享，这段时间里我是兴奋不已，笔耕不止。学习的幸福就这样被我拥入怀抱。

在我呈现给大家的学习笔记里更多的是一种问题的提出，有些我有了答案，这些答案我也不能保证明天我会不会推翻。有些直到现在也不能回答，或者回答不满意，很模糊，但我坚持一个观点：教育的最大功能就是引发人们的思考！如果我的笔记能够激发你的好奇心，引起你关于教育思考的兴趣，那我就满足了。

一直以来是不敢有出书的勇气的？在我的心里，凡是著书立说，不是惊世之才，就是有撼人之事，想我之秃笔，藏拙尚且来之不及，又何必显示于人前，粗俗浅陋招人笑话，况且黑字白纸、证据确凿而贻笑大方呢？

勇气何来？王国维在《人间词话》里写道：词以境界为上，有境界，则自成高格，自有名句。如果我是真诚地、真实地书写发生在我和我身边的人关于教育的爱恨情仇、喜乐忧苦，教育的希望和呐喊，教育的悲苦与振奋。这算不算一种境界呢？那你是否有兴趣读下去了呢？我相信你会的！希望读者能够把我当成一个校长样本进行解剖和分析，从中发现出一些改革时下教育诟病的良方。如果真是这样，我以为，那是做了一件功德无量的大好事。如果以此标准和心态来写书的话，我的羞愧忐忑是否可以减轻些了呢？

以此为自序。

包　蕾

2011.6

目　　录

第一章

教育走如此的步伐

——初任校长的激情与困惑

当运动的“接力棒”交到你手中的时候，你会怎么做？毫无疑问，拼尽全力往前冲。当学校的“接力棒”交到你手里的时候，你会怎么做？做出怎样的选择？似乎难以用“拼尽全力往前冲”来回答了。当我手执这个“接力棒”，内心的激荡太多太多……

手执“接力棒”，激情于心

2006 年 8 月的成都平原，经历了五十年不遇的高温炙烤，天地万物仿佛都在喘着粗气散热。出生以来习惯于摇摇扇子，在树荫处坐坐，用冷水冲冲凉，便可消闲避暑的我们，开始奔向商场购买空调以消暑解热了。素来享受“天府之国”恩泽的我们，从未如此地强烈渴望秋天的到来。

就在这个月的 11 日，就在这酷暑炎热的时节，我正式接任成都市大邑县北街小学校长，内心的炙热丝毫不逊色于外界的炙烤。

大邑县北街小学时有师生 2200 多人，33 个班级，97 名教师，40 名后勤工作人员，其中有 450 名住读学生，是“四川省省级重点学校”“成都市义务教育示范校”。民间称北街小学是大邑县小学里的最高学府——小学里的北大，可见北街小学在大邑县人民心中的地位和分量。学生绝大多数来自县城职工家庭，家长大多数在各机关单位工作。学校所承载的社会期望值之高，也是不言而喻的。

北街小学从新中国成立后办校以来一直都是男性做校长，县城里其他学校也是男性校长。当北街小学的新任校长居然是一个三十几岁女性的消息不胫而走时，各种议论纷至沓来。一种不同于往常的格局让社会对北小的关注度突然间提高了很多。在关注中伴随着这样的质疑和怀疑：她有能力管理好北街小学吗？她有能力实现北街小学的新发展吗？

手执“接力棒”，我既激动紧张，又清醒冷静，而且还伴随着一种自信。对于一个一直从事教育事业的人来讲，担任校长一职不仅是自己价值的体现，还是实现自己职业理想和人生价值的重要平台，怎能不激动呢？相信每个人遇到这样的事都会激动的。我又怎能不紧张呢？因为我接受的是这样一所名校，每天我都能感受到家长期待的目光、领导关注的信息、社会议论的声音。当我望着校门口顶上时任副省长徐世群题写的“北街小学”四个金光闪闪的大字时，我深切体会到什么是“如履薄冰”。在激动与紧张中，我冷静而清醒地思索着：这所学校我太熟悉了，因为我在这所学校工作了十六年，担任了四年的副校长。我了解学校，了解我的教师，我能带好这所学校，想到这儿，内心的自信油然而生。

我充满激情地忙碌着，像一艘充满劲风的帆船，不停地航行着；像一个充满动力的车轮，不停地旋转着；像一个充满士气的战士，不停地战斗着。按捺不住想要有所作为、有所成就的冲动，变成了心中呼呼燃烧的激情火苗，不断地拍打着我，激荡着我。

丝毫不敢懈怠的我在 2006 年 8 月 24 日上午九点，首次以校长身份在全校教职工大会上作了充满激情洋溢的讲话。

老师们：

五十年来首次最高温的夏天已渐行渐远，可还是让我们心有余悸，秋凉的味道让我们感到如此的珍贵。8 月 11 日，那是酷热正烈的一天，教育局邹明宏副局长代表教育局党组到学校宣布了我的任命书，并安排了新旧校长的交接工作。从那个时候起，杨元彰校长就正式将“北街小学”这面耀眼的红旗交到了我的手里。按常理，我应该感到兴奋，但我深深感到的却是如泰山般的责任，而且切肤地感受到“高山旁边就是绝壁”的压力。老师们，我需要大家一如既往甚至比过去更大的支持。

这十多天来，我一边忙于开学前的相关具体事务，一边思考着我校应该怎样实现新的发展？我该做些什么？应该怎么做？下面，我将我的一些思考呈现给大家，希望能够激发大家的思考。我相信，我们在以后的合作中能够逐步达成共识，并最终构成我们共同的学校发展愿景。

首先，我向大家提一个问题：我校教职工之间应该构成一种什么样的人际关系？假期里我翻看了一本书，书里记载了我国大文学家、第八任文化部长王蒙先生的二十一条人际关系准则，看看它能给我们些什么启示。

一、对某人某事感到意外时，先从好处想想，可能他做这件事是为了帮助你，至少客观上对你无损，而千万不要立即以敌意设想旁人。

二、一般不做自我辩护，但可以澄清一些观点、一些选择、一些是非。

三、永远不与任何人包括对你最不友好的人纠缠。

你搞你的人际纠纷，我忙我的业务工作。你搞纠纷的结果未必能怎样，我搞业务的结果很可能有一些成绩。我的一切成绩都是对你的最好回答，更是对友人的最大安慰。

四、绝对不接受煽动，不接受挑拨，绝对不因 A 的煽动而与 B 为敌，也不因 B 的煽动而向着 A 冲去。

五、不相信那些一见了你就夸奖、歌颂个没完没了的人。

六、永远不要以为任何你接触的人比你傻、比你笨、比你容易上套。

七、不随便拒绝人，也不随便答应人。不许愿，不吊人家胃口，不在无谓的事情上炫耀实力。

八、寻找结合点、切合点，而不只是盯着意见分歧。

九、不讨厌那些曾经公开地与你争论、批评你的人。

十、一时弄不清或一时背了黑锅也没关系。你还是你，他还是他。一个黑锅也背不起的人只能是弱者。

十一、不相信那些动辄汇报谁谁谁在骂你的人。

十二、绝不布置安排一些人去搜集旁人背后说了你些什么。

十三、绝对不在公开场合，尤其在自己的权力影响范围内，大谈旁人说了你什么，那样等于自己拆自己的台。

十四、不回答任何对于你个人的人生攻击，只讨论不仅对于你和你的对手，而且对于更多人更有意义的问题。

十五、不急于表现自己，也不急于纠正旁人，再听听，再琢磨琢磨。

十六、绝不在背后议论张长李短。

十七、记住，人际关系永远是双向的，学人者人恒学之，助人者人恒助之，敬人者人恒敬之，爱人者人恒敬之。同时，说人者，仁恒说之，整人者人恒整之，害人者人恒害之，耍人者人恒耍之，虚伪应付人者人恒应付之。

十八、在人际关系中，永远不要考虑从中捞取什么。

十九、把人际关系的处理，当成一个特殊的课程学习。

二十、永远不从个人利害的角度谈论与思考问题，永远不"我、我、我"与人争论，宁可把一切争执学理化也不搞狗屎化、个人化。

二十一、可以用足气力去学习、去工作、去写作、去装修房屋乃至去旅游、去赛球、去玩儿。

今天，我们共同学习王蒙先生的二十一条人际关系准则，是要告诉大家我的一个管理理念：人际关系就是生产力。从今天起，从现在起，我们要共同营造北街小学"和谐、情趣、团结、拼搏"的团队精神。富有情趣，指的是富有高雅的情调，丰富的趣味，让人留恋的学校氛围。拼搏指的是希望老师们订立自己的个人奋斗目标，按照我们的五年个人规划，自己与自己比，一学期前进一小步，一年前进一大步，自觉地与倦怠、麻木作斗争，最终必有收获，活出精彩。对大家来说，学校现在有可能是大家不得不来的地方，我希望通过我们的努力，将来能够成为大家想来、愿意来，甚而是来了不想走的地方，让它真正成为我们的精神家园，成为一个温暖的大家庭。

在这里，我要明确提出一个严格的要求：要像爱护自己的眼睛一样，自觉爱护学校、同事、自己的名誉。我们生活在一个不大的县城里，荣誉、名誉是我们最大的财富，这份财富的增减与我们每一个在座的人员密切相关，同时它也直接影响着我们每个人的幸福度。

第二个问题：我们该怎样对待学习？

我们的精神状态是什么呢？作家韩少功在对人类目前精神状态剖析时说过："做事不幸福，不做事也不幸福；成家不幸福，不成家也不幸福。这种普遍的现象使人类成了所有动物中最不快活，最进步，也最惨兮兮的。"为什么呢？我个人认为，这跟我们的学习状态有紧密的关系。老师们把太多的业余时间用于打麻将，我们与阅读早已陌生，我们好久好久没有正襟危坐在书桌前看书学习了，思考问题了。还好的是，有的教师睡觉前还要翻翻《分忧》《知音》《家庭医生》。教师职业是颇富人文精神性的职业，教师应该是天然的读书人，只有广博的知识才能成为魅力型教师。少阅读，浅阅读只能导致精神世界的荒漠，心灵世界的渐渐迷失；生活的逐步庸俗，谈吐也渐渐肤浅了。

我很赞成一个专家对学习的定义：学习是在没有机遇的地方发现机遇；学习是在没有问题的地方发现问题；学习是在没有道路的地方发现道路。

学习对于我们来说应该是一件迫在眉睫、重中之重的大事情。新课改需要我们学习；现代学生的挑战需要我们学习；家长社会的高期望值需要我们学习；更重要的是，成为一个专业化的不被淘汰出局的教师需要学习；为了将来退休时可以毫无愧意，聊以自慰也需要学习。假期里，我走访了部分退休教师，一个老师告诉我，他辛辛苦苦几十年，回忆起教书生涯却没有一样让自己特别自豪骄傲的东西告诉儿孙，启迪你们这些后生，真是惭愧。八年前，我儿子指着校门口优秀教师宣传栏时问我：“妈妈，怎么没有你的照片？”那刻起，我明白要想儿子成才，我必须给她做榜样。即便为了赢得后来者、自己孩子的尊敬也需要学习。本学期，学校将启动书也醉人——教师情趣阅读计划，我将不遗余力地做好一件事：让阅读成为北小教师的一种生活方式。

第三个问题：我们是否有正确的成本效益观？

关注成本，追求效益最大化，这个方面我们要向犹太商人学习。现在我们就来算算学校老师们那些赚与赔的账单。我们可以把我们的付出作为成本，把学生发展，如成绩、身体、家长学生对我们的理解和感激作为回报，这两者之比就是效益。我们要向一个精明商人一样每天“带着算盘”进学校，每天想想自己这样、那样说和做是否划算。

学生调皮时，我们打他一耳光，骂他个痛快，结果家长状告你。划不划算？

每天布置家庭作业时不动脑筋，随意布置，还要求家长陪做，结果是学生作业水平越来越差，学生自主发展的能力没有了，家长埋怨多了。划不划算？

该下课不下课，该放学不放学，教师讲得唾沫横飞，学生听得心猿意马。划不划算？

赵州桥什么样，幻灯、电脑图片一放清楚明白，教师课前不准备教具，现代信息技术不用，课堂上一支粉笔、一张嘴半节课下来学生对赵州桥的样子还是云里雾里。

这又划不划算？

……

不算不知道，一算吓一跳，我们每天做着多么亏本的生意？

长久以来，北街小学的教师们承受着巨大的压力。为了各种“第一”不停地辛苦劳作，而且无怨无悔。不知不觉，我们中许多教师已经习惯地陷入拼体力、拼时间、拼付出的工作惯性之中，学生的苦学、累学、厌学现象越来越严重。“第一”肯定是我们必须追求的目标，也是我任校长期间坚定不移的追求。可是我们是否可以研究出更加高效、更加科学、更加可持续的方法？

亲爱的教师，我拿什么拯救你！靠自己！我提倡北小教师做一个高效益老师、情趣型教师、智慧型教师。

最后，我给大家讲一个卖鹦鹉的故事：有四只鹦鹉，一只鹦鹉毛色特别光鲜，一只会说两句话，一只还会唱两句歌。顾客指着旁边一只毛色不光鲜，也不会说话唱歌的那只鹦鹉奇怪地问：“为什么它的价格反而比那三只还贵呢?”老板说：“因为它是它们的老板。”以此笑话结尾是想活跃一下气氛，同时也想告诉大家，作为校长我不一定比你们更有本事，但我将竭心尽力为学校谋划一个光明的未来，给大家提供优良的服务，给大家提供展示精彩的舞台。也请大家一如既往地把我当成大家的朋友，我们就是一个大家庭里的兄弟姐妹。借此笑话还想告诉大家我的教师管理思想：成全教师就是成全我自己，真希望有那么一天，待到教师们像山花般烂漫时，我在丛中笑。

足行“实践地”，期望引领

怀着理想，怀着激情，怀着一份责任和使命，我踏上了自己的教育实践道路。在充满激情的引导教师之后，我带领学校课题组在2006年10月24日推出了“践行情趣教育，构建情趣北小”的两年行动方案，开始了我的教育实践。

在学校管理的实践上，我在原有管理的基础上，融合柔性的管理方式，提出“心灵式”的管理理念。利用校史室，开展我为校史添光彩活动，以史化心，增强教职工的历史荣誉感和责任使命感。营造温馨的教师咖啡屋，开展师生谈心活动，以谈化心，增强教师的情感交流，敞亮教师的内心世界。我们共同朗诵梁启超《敬业乐业》，王蒙的“二十一条做人法则”；共同歌唱《明天我就成了你》《团结就是力量》，以文化心，以歌凝心，唤醒教师的良善和职责。我给教师写信，给家长写信，阐释情趣教育理念、理想和目标，同时开展学校教职工情趣教育理念大讨论活动，以此来聚合力量，聚合认同，将教师的心带向“富有情趣的世界”。

在教师培养的实践上，我以阅读为抓手，在教师内力上着力。我们开展了“情趣阅读”活动，制作专门的教师阅读笔记本。我每月定期阅读教师的阅读笔记，在阅读笔记本上批阅我的阅读感受，交流我的阅读感受。以柔性的情感激发教师的阅读热情。记得吕平老师给我的信中写道，一直以来，他就像被学校领导遗忘的角落，甚至是被领导欺负的角色，“半夜吃桃拈软的捏”，年年叫他教差班，年年承担六年级。我和他书信沟通：学校看一个人不仅仅看他所教学生考试的现有成绩，更主要看他的学生是否有所发展和进步；安排你教六年级相对较弱的班级，是觉得你对六年级数学知识点把握得准确，辅导后进生有一套成熟的经验。数回合的交流让我深刻认识到——穿过现代化的“电声视频”的迷雾，用一种较为古老而又极为亲切的方式进行表达和交流时，我和教师们会越来越澄明，越来越清醒。

在课堂建设上，我以富有“童真、童趣、童韵”为课堂建设理念，引导教师将课堂还给学生，还以兴趣，富含韵致。

在学生活动设置上，我依托学校传承的特色活动，开展科技、艺术、礼仪等活动，设立校本课程，以“菜单”的形式供全校学生自主选择。并创办学校《情趣教育报》，为师生提供展示与学习平台。

在我和我的同事满怀激情和辛勤的努力下，教师们沉睡的渴望被唤醒，变革的需求被激发，情趣教育实践受到了学校教师、学生和家长的普遍欢迎。以“情趣教育”为核心文化理念和“以父母之心办教育，以父母之心当教师”的工作信条逐步成为我们的共识。杨忠琪老师分享他的改变时说：上课之前，我要想想，这节课怎样上才受学生欢迎，做个有情趣的老师了。王红霞老师说：我要快乐教书一辈子。退休教师、社会人士、企业老板走进了学校，他们说：我也来学习怎样有情趣的学习、生活。

激情可以让人充满斗志，然而激情却不能代替理性的拷问和高端的引领。

面对学生中独生子女症状——自私、懒惰、依赖家长，学习上缺乏主动性、积极性、身体素质下降等问题。学校该做些什么？面对部分教师苦教、累教，教育方式传统、低效现象依然存在，部分青年教师职业理想道德能力水平不能够与学校匹配。教师还是存在被动发展，专业水平滞后，课堂把教学方式离情趣课堂距离还很远。教师的培养和发展，学校该做些什么？面对综合实践活动与“安全”瓶颈的交锋，学校不敢让学生春游、秋游，做社会调查，劳动锻炼。学生综合素质的培养，学校该做些什么？面对城乡一体的城市化进程，盼望就读我校的学生人数不断增加，大班额现象日趋严重。学生的全面发展如何保证，学校该做些什么？面对现代的家长普遍提高了对孩子的教育期望值，并且把社会矛盾转移至学校，把怨气转移到学校和老师，对学校的不理解。我们与家长的合作，学校该做些什么？面对学校的评价如何更合理化、更科学化的问题，学校该做些什么？面对学校“情趣教育”，今后如何实践，如何提升，如何发展等问题，我们该做些什么？

想着这些“什么”，看着有所改变的我的学校，曾经略略感到的一丝欣慰顷刻间荡然无存，取而代之是强烈地期望，期望得到“高端”的指点。我渴望做一个好校长，因为我深深地明白：校长不是特权和荣誉，而是一份责任。可如何才能做个好校长？我盼望着“高端”的系统培训，能给我思想的启迪和行为的指导。

我热望着……

附：2006～2008 年发表的部分文章

孩子，有不可思议的力量

下午5:00～6:00是学校住读生自我管理的时间，今天我值勤，照例去巡视校园。来到四年级四班的教室外，教室里十一个孩子安静而笑吟吟的神态吸引了我，不由得停住了脚步，原来他们在做“小老师”的游戏。小老师是个头发高高束起的小女孩，举手投足间“马尾发”和花头绳一跳一跃，真是逗人喜爱。只见她左手用一根小棒指着小黑板上的英语单词、短语（显然是英语老师今天上课时书写的），一会儿掌心向上示意“学生”起立，一会儿向念得标准的同学跷起大拇指。第一排的瘦男孩站起来启动嘴唇却怎么也念不出，脖子羞愧地弯下去，小老师不急不躁地等待，轻声说：“这是一个短语，困难一些……”旁边胖男孩脱口而出短语的第一个单词，眼睛瞅瞅小老师又戛然而止。瘦男孩眼里星光闪过，一下喷出短语的读音，台上台下掌声响起。小老师笑微微地看着瘦男孩坐下，瘦男孩瞥了一眼胖男孩笑了一下。

小老师：“现在大家默读、默记一会儿，告诉我都会写了吗?”

“都会了！”

小老师食指指心，一脸严肃，一字一顿：“要—诚—实！”

小老师叫穿花格夹克的男孩到黑板上默写“WHY”。他站在那儿努力搜索记忆，好辛苦但终于写出来了。好诚实的孩子！他完全可以偷看一下黑板，可他没有！接着有三四个孩子到黑板上默写其他单词，又有三四个孩子上台为默写情况打分。小老师发现一个“学生”的单词明显占位错误，立刻画四线格，请写错的“学生”在格子里重写。孩子们都屏住气观看，写正确了，小老师大声鼓励："very good!"又是一阵掌声。

小老师踮脚取下小黑板，擦干净大黑板上的字迹。"学生们"趁这空档转过头向我友善地笑了笑，又转过头去眼波跟随小老师的身影流动了！

小老师轻轻摘下讲台上右角花盆里的一朵油菜花，小心地取下花瓣，只露出花蕊。"谁来告诉我，哪个是雄蕊，哪个是雌蕊？"有个女孩上台指认并回答正确了。小老师："雄蕊多少根？雌蕊多少根？大家可以翻开书看看。""学生"们都将科学书翻开大声朗读起来。

小老师用绿色粉笔在黑板上两笔三笔画出了一棵垂柳的枝干，大家异口同声道："垂柳"。

小老师："谁来为春天的垂柳画上叶子？"两个"学生"上台合作，一个画左边的叶子，一个画右边的叶子，画完了，所有叶子都朝下垂掉，很是逼真。小老师："谁来用佳词说说垂柳的模样。"大家脱口而出："如雾如烟"。接下来，小老师一边点名发言，一边在垂柳旁书写。发言的"学生"一起一落间，眼睛始终盯着小老师手里的粉笔书写的方向。

"垂柳描绘的是春天的阴柔之美，哪一课描写的是春天的宏大气势？"学生异口同声回答："《春潮》"。小老师："哪些词语描写了春潮的宏大气势？"孩子们在小老师的示意下翻书回答，个个孩子既遵守秩序又热情参与。

"叮零零"，住读生吃晚饭的预备铃声响起。小老师关灯，其余孩子关窗，收拾东西。一个男孩收拾书包慢一些，十几个孩子弯腰笑哈哈地齐声跟小老师用椒言普通话喊："是谁这么 suo 皮呀！"（"suo 皮"是指拖沓的意思）。

小老师示意排队，孩子们面向我一阵各种表情的笑，有羞涩的笑，有扮鬼脸的笑，有好奇的笑，还有礼节性的笑："老师，再见！"

看着他们快快乐乐排队离开的背影，我心里想了好多。陶行知说："小孩子有不可思议的力量。"他还用打油诗："人人都说小孩小，谁知人小心不小。你若小看小孩子，便比小孩还要小"来劝告教师要相信小孩。教育小孩犹如种树，小树苗自有强大的生长力。作为教师断不可小瞧和忽视这种力量，它能让孩子自主学习，自主发展，学得快乐，学得主动。

（此文发表于四川《教育导报》）

一本中国教师必读的书

——读《陶行知名篇精选》

作为从教十九年的小学教师，有几年校长经历的我，自己选书的理由非常简单，那就是这本书是否能够“治愚”，即能否让我更聪明地工作、生活，能否让我快乐。到书店看看，偶然翻到教育科学出版社出版的《陶行知名篇精选》，爱不释手，遂买回家。

这本书可以“治愚”，因为它回答了我心里的若干问题。怎样“办人民满意的教育?”陶公早就作了明确地回答：“待学生如亲子弟。”当前教育中的“厌教”“厌学”等若干问题都可以在陶公那里找到答案。

这本书让我快乐，因为它丰富、深刻。这本书虽不足十四万字，却饱含着编者对现实教育的殷切关照。

这本书让我快乐，因为它质朴、幽默。陶公的文章可与白居易的诗媲美，稍有识字即可畅读无碍；陶公绝不故弄玄虚，而是真诚地指导人去做事。

这本书让我快乐，因为陶公的人格令人敬仰。“千教万教教人求真，千学万学学做真人”，穿越近百年的时空，陶公为我们投射来一道光亮，照亮了我的心灵。

“一个没有读过陶行知书的人，怎么可以在中国做教师呢?”当教师很忙，再忙也要读书，至少要读这本书。

（此文发表于2008年四川《教育导报》）

浅谈有效德育的“四化策略”

“说起来重要，做起来次要，忙起来不要”。这句调侃学校德育工作现状的戏言折射出德育工作效度不高的问题所在。究其实质，其实就是德育工作与学校工作的油水分离。游离于学校工作之外的德育犹如出了窍的魂灵失去依托，因“魂不附体”而虚幻摇曳，极大地弱化甚至负面化了德育功能。问题的最好解决，就是将学校德育工作融入学校的整体工作中，让其处于一种常态，使之所散发出的能量如涓涓细流湿润和滋养校园，氤氲和浸染师生的精神风貌，让师生举手投足间尽展优雅和品位，实现“有效德育”。

一、制度科学化——有效德育的必要保障

制度是工作顺利实施的保障，制度的科学化更是工作高效的必要前提。学校德育工作制度的科学核心体现在对人的终极关怀和对人的终身发展的促进上。我校的住读生家校联系制度的建立就体现了制度的科学和制度的人文关怀。住读生来自全县各个乡镇，家庭经济状况普遍良好但家庭文化修养普遍不高，虽然住读生家长望子成龙心切，但心有余而力不足，往往不得其法甚至适得其反。家长烦恼，学校忧心。如何与住读生家长们进行有效沟通，提高其认识水平，达成家校和谐与温馨的默契，形成良好的教育合力成了家校联系制度中的首要考虑的问题。面对这样的情况，学校在制度设计上，从学校层面、生活老师层面、班主任层面和科任老师层面提出了家校联

系的相关要求，对联系的内容、联系的方式、联系的次数、联系的效果等均作了量化的规定。还考虑到了操作上的灵活性和方便性，让制度的实效性尽可能得到最大化。如制度规定，学校在暑期中组织老师对住读生进行集中家访，和家长们交流孩子的情况，征询他们对学校工作的意见。面对远道而来的老师们一张张热情诚挚的脸，住读生家长感动地说，城里的老师一点儿架子也没有，这么关心我们的孩子，孩子交给学校，我们家长非常放心。不仅如此，孩子在这样学校读书，连我们家长也跟着学了不少东西呢。可见，联系制度的建立，确保了家访的有效实施。

又如我校的“学生执行校长制度”。制度规定，“执行校长”须在学生中推选、竞聘产生，每任“执行校长”任期为半月。“执行校长”不光协助校长监督、管理、检查、指导工作，还负责接待来学校考察的客人或是到校交流孩子学习情况的家长。至今，已有 13 位同学荣任过“执行校长”一职。“校长”们在工作中坚持有理有节、照章办事，促进了老师和同学的共同进步发展，受到了老师、同学、家长、客人们的一致好评。与此同时，学校的管理因为有了同学们的监督、参与和付出，各项制度进一步落到了实处，校园更加温馨和谐，师生的校园生活日益绚烂多彩。

这让我们看到，德育制度的建立，其科学性体现在实际的现状上和可靠的实施上，脱离这两者制度是经不起时间检验的。

二、培训经常化——有效德育的明确路径

德育培训应从多个层面、多个领域展开。针对全体教师的职业道德培训，针对班主任的班队工作技能培训，针对全校学生的各种讲座，针对学生干部的管理技能培训……这些培训应当经常进行。

我校住读部每周星期二上午都会按时对保育员进行培训，其培训内容包括：住读部常规管理、安全知识、班主任管理技能、沟通技巧（尤其是与学生、班级老师、家长的沟通）。经过培训，保育员们的工作能力得到提高，学校住读部管理的成效进一步明显。住读部还针对住读生年龄特点分别进行不同内容的生活自理能力培训。低段学生培训的主要内容是洗脸、洗脚、刷牙、穿衣、系红领巾；中段学生培训的主要内容是洗澡、梳头、整理书包、系鞋带；高段学生培训的主要内容是叠被子、物品摆放有序等。经过培训，学生的自理能力得到普遍提高。孩子们的变化自然地向家庭迁延，家长的喜悦溢于言表："孩子懂事了，能干了！呵呵，这学校真不赖呀！"

大队部每周都对担任各项工作的大队干部进行"管理"培训：管理内容如何确定，各项要求如何检查落实，如何与别的队干部协调合作，怎样与被检查的老师和同学沟通等等。不仅有方法上的讲解，更多的是结合工作中的各种问题和情况进行分析。大队干部们的管理能力提高很快，每届新"班子"都能迅速"上路"。

所以，有效德育不能放弃培训路径，其关键是找准培训的适用内容。

三、活动常规化——有效德育的"水滴石穿"

实施德育的途径有很多，其中活动是德育的最好载体，它能让孩子们在不知不觉中受到熏陶、感染。为了避免活动因缺乏连续性、系统性造成的"东一榔头西一棒槌""想起一桩算一桩"，活动时间应尽量避免"临时性"，使活动形成常规，定期组织开展。

例如，每年5月下旬是我校一年一度的少先队大队长竞选活动。竞选程序契合当前各类竞技活动中最受欢迎的形式：海选→普级→

决赛。经过层层选拔，进入决赛的 5 名同学通过竞职演讲、现场答辩、才艺展示、终极 PK 等环节的激烈角逐，最后由全体大队干部共同投票选出大队长。学校红领巾电台将决赛的竞选实况向全校师生进行现场直播。同学们深刻认识到：作为一个集体的领导者，必须具有全局意识和服务精神；现代社会需要配合进行了相关的心理疏导，组织开展“怎样正确对待竞选的失败?”“如何正确看待竞争与合作”等问题探讨？全校同学在真实的现场情景中全身心地接受了一次生动形象的挫折教育。学校年年这样，不仅使活动成为固定推出的项目，而且使活动成为了德育的载体。

每年寒暑假，我校都如期开展假期综合实践活动。活动主题依据当时形势和学生需要而定。在 2010 年暑假组织的手拉手书信活动中，学校五年级二班学生甘锐学同学将社会上的不文明现象向袁旭县长写信反映，指出这些现象带来的负面效应以及给少年儿童身心发展造成的不良影响，呼吁上级部门采取有效的措施。袁县长高度赞扬了甘锐学同学的社会责任感，对学校开展此项活动的重要意义给予充分肯定，并在信件上作了批复：“请送刘东明局长(广播电视局局长)，请电视台写出评论并在电视台上播出这封信，以此教育广大市民，提高文明素养，报社复印登报。”此事让全校学生深受鼓舞，“社会的进步是每个公民的责任”成为同学们的共识。这是学校多年的常规活动催生的“甘锐学事件”，是常规德育活动获得的实效。

2007 年的暑假，学校依据常规活动开展了“相约大邑”博客实践活动。同学们通过考察、采访、交流、记录、写作、网络操作等，与社会展开了全方位的亲密接触。信手点开大邑北街小学“相约大邑”博客网站，从丰富的图片资料和采访日志可以看出，孩子们在这个实践活动中的足迹已深入到大邑的山山水水和各条战线，极大地锻炼了对社会的认识力和思考力。实践活动吸引了来自社会各个层面的关注，网站从开通到现在短短几个月的时间点击率已达 8 万多人次，其所承载的价值和意义远远超过了当初开展这项活动的预想。实践活动还在继续着，随着活动的进一步深入和延展，我们相信会有更多的精彩绚烂绽放。

由此可见，只要学校将在实践中被证明有效的活动，进行挖掘梳理、总结完善，形成常规性的活动传承下去，学校德育的有效性就会提高。这是一个“水滴石穿”的现象，让活动如“水滴”一样，不停地击打学生这个“石板”，久而久之必然产生作用，在身上留下了预期的德育烙印。

四、评价创新化——让德育的主体“敏感”

每项工作都离不开评价，如何让评价真正起到它应有的功能，让其“激励促进”和“导向引领”发挥最大功用？评价的“经常化”在一定程度上导致评价对象对评价的“麻木化”。激活触觉的最好办法是给予新的刺激，评价便力求创新。事实证明，在评价中哪怕是很微小的一个细节上的创新变革，都能起到意想不到的有力的鼓舞作用。

学校的校运会，对运动健将的惯常奖励是奖状和纸笔等学习用具。“习以为常”带来的是有些“不以为然”。以什么奖品作为一个精神“符号”召唤和凝结孩子们对荣誉的积极向往和热烈追求，从而升华为对体育精神的无比信仰和推崇？大邑北小按正规的国际体育竞技颁奖仪式对获得前三名的学生授予金、银、铜牌，获奖学生溢于言表的自豪和神圣极大地感染了全校师生，学生参与积极性空前高涨。此举受到师生、家长、社会的广泛赞同，成为兄弟学校借鉴的典型范本。为了在住读部着力营造家的氛围，北小设立了“争当模范哥哥”“争当好姐姐”的评比活动。在评比要求的导引下，孩子们强化了自律意识，提高了自主能力。同学们在小弟弟、小妹妹面前努力规范自己的言行，像爱护自己家里的弟弟妹妹一样爱护比自己小的同学。“大欺小”现象得到有效遏制。渐渐地，同学由“爱人”逐渐地扩展到“爱物”。对于学校的一草一木，孩子们像对待家里的东西一样去爱惜。学科科艺路旁的柑子树上的柑子，一直挂到熟透也没有谁去碰它一个指头，让每一个来北小的人都啧啧称奇。这也告诉我们，评价不一定要系统，重要是它引导作用和对现实的规范作用，而不断地创新评价在改变现实的“评价低效”上就如同投入水中的石子，激起波浪，给“过时的评价”以改变。

“十年树木，百年树人”，这句话道出德育工作所承载的育人工作的重大使命。怎样有效地避免“说起来重要，做起来次要，忙起来不要”的德育误区，我校从实践中确立的“四化”有效德育策略，使我们的学校发展有了扎实的思想基础，良好的发展氛围。

（此文发表于《新形势下教育管理理论与实践指导全书》）

第二章

教育竟如此的多维

——北京师大的学习与反思

年少时因为时代和家庭所致，初中毕业后选择了中等师范学习。后来很多次遗憾今生未能进入高等学府学习和深造。想不到毕业二十年，还能够了却年少夙愿，到北京师范大学学习。这是我此生难忘的美好时光，也是我思想里程飞跃的时光。

2007年6月11日至2007年7月7日，是我首次进入北京师范大学参加全国第二十期小学校长高级研修班学习的日子。一个月里，我聆听了24位教授、专家和博士对教育不同层面、不同角度的讲座，与来自全国各地的多名校长进行了多次交流，参观访问了北京知名小学。"爆炸"似的信息强烈地冲击着我，激荡着我，鼓舞着我……

走进北师大，走进“迷茫”

北京师范大学是中国教育最高学府之一（见照片1），我们使用的教材、教参、教师用书等书籍，很多都来自北师大。我一直捧读的教育名著的作者，许多在北师大工作。同时，北师大也是全国最具权威的教育培训机构之一，每年承担者大量的教育培训任务。

照片1 北京师范大学小学校长培训部门前留影

带着向往，带着寻找，带着激情，带着我对学校发展的疑惑和教育的困惑，我像当年的唐僧西行取经一样，满怀着虔诚，奔赴心中的“圣地”——北师大，期望能够捧回“真经”，寻得良方，解除心中的困惑。然而，几天的学习和交流，我发现自己在走进心中“圣地”的同时，也走向了内心更深处的“迷茫”。

高考之殇何人能解?

离开成都时正值高考结束之际。为了高考,许多孩子晚上只睡五个小时,许多孩子都成了“眼镜”,许多孩子的身体健康素质每况日下……他们对“高考”、对高中三年的学习生活带着一种无奈的深恶痛绝之感,让我年年目睹、年年痛心。来到北京,很想了解各地高考学生情况,期望能从中获得有效良方。果然,校长们天南海北聊得最多的是高考,学生因“高考”而厌学、恨学现象并不是大邑县仅有,而是普遍存在的共性问题。问及如何解决这些问题,大家摊手以示无奈。高考之殇何人能解?让我迷茫。

应试教育和素质教育的评价之法何在?

来自大连的学友刘彩霞校长对“应试”与“素质”教育有这样一席话,让我记忆尤新。她说:“在大连沙河口区,过去连续八年搞素质教育,小学取消考试,后来中考高考成绩滑坡。区长追查原因,都说是小学搞素质教育造成的。现在,小学就年年考试排名,成绩作为对校长的考核,这样一来高考成绩确实上去了。”她的话让人深思,难道“考试”和“素质”真的如水火一样不相容吗?

记得某位教授在评价南京市素质教育致使高考成绩滑坡,许多家长将孩子转入其它县城中学读书的问题时说过这样的话,他说:“南京市的素质教育失败与否以何评价?高考分数是否可以说明素质教育失败?这批孩子将来与其他孩子比较究竟哪个成功?”谁来回答?无以回答。教育的潜在性、长期性、不可测量性,使教授、领导都失语,让我“迷茫”。

国家规定与现实资源何时“配套”?

在大连市一些学校里,新旧教材一起用,造成了校长累、教师累、学生更累的现象。为什么呢?因为有些地方政府凭兴趣或其他依据选择教材，早东夕西，使得学生学习的知识点难以承接，学校不得不新旧教材齐上马。使用教材的教师没有选择教材的权利，造成了教师认为好的没有用，认为不好的偏偏用上了。教材的问题日益在教学中凸显，“教材”与“实际使用”形成了一个不易化解的矛盾。

在英语、科学、体育三个学科的教学中。英语学科教学是全中国浪费最大，最低效的教学。很多地方缺少英语教师，课程只能上语文、数学。英语教材不得不束之高阁、无人问津。体育学科两级分化，城市学校无场地，农村学校无教师，更无时间进行实质性的体育工作了。如何解决目标与实际的背离，考核与现实不符？让我迷茫。

走出校门，“安全”问题怎样解决？

学生社会实践活动，在“安全”重压之下，只能“收刀捡卦”。政府不愿担风险，校长不敢担风险，教师不肯担风险。于是“安全不出事，质量不倒数”成了校长们的口头禅。“平稳才能生存”“校长听话，教师听话，学生听话，听话的有饭吃”等语言在教育界流行。安全让校长、教师战战兢兢。周荫昌教授给我们上课针对目前全国基础教育中技能训练（手工、纸工）及社会实践教育的严重缺失或偏离方向时说：“我说话要冒风险的，校长做这些事（可能出安全事故）也是有风险的，但我们应冒着风险去做一些让民族下一代强健的事！……”如果国家没有设立一个有效的机制，谁愿意去干吃力不讨好的“风险”之事？如何解决？让我迷茫。

校长的成长之道在哪儿？

大家讨论校长的“姓氏”问题时，幽默者说，校长姓“钱”，校长姓“混”，校长姓“吹”。混日子，吹牛皮，爱钱，一切为“钱途”的现状，校长们自己都觉得很无奈，更倍感心有余而力不足。想到北师大教育管理学院褚宏启院长提出的校长专业标准：1. 长期的专业训练；

2. 完善的知识体系作为从业的依据；3. 建立起系统的论理规范以约束校长的管理行为；4. 有正确的校长从业标准与要求；5. 进入校长行业有严格的资格限制；6. 有较高的社会声誉与社会经济地位；7. 具有专业上的自主性；8. 已建立起自己的专业组织并且发展成熟。可是，他也极为真诚地指出目前中国还没有一整套的校长培养、管理、考核的机制，甚至一直想编写一本校长实用手册之类的愿望都很难实现。他提出的标准也很难用于实际操作，也从未用于实际操作。我们这些处在中国基层的广大校长，如何成长？让我迷茫。

教师的职业幸福感如何获得？

校长们谈到教师，普遍认为：现在的教师越来越难管，业务素质、敬业精神、奉献精神呈下降态势，有的甚至唯“钱”是命。教书是饭碗，教书的乐趣消解，倦怠上升。现代社会使我们的教育越来越复杂，工业社会追求物质文明导致物质至上，功利主义；市场经济强调经济发展导致金钱至上，拜金主义；社会转型，道德失范正导向享乐至上，消费主义；竞争的激烈化、低龄化正导向文凭至上，升学主义；独生子女娇生惯养使得孩子以自我为中心，个人主义；人才过剩就业太难使学生分数至上，实用主义；程序化流水线教学使得学生机械主义、教条主义。（摘自北师大教育学院钱志亮《解读教育对象一人》一文）教师如何在这样的社会中，在自己的教师生活中获得职业的幸福感？让我迷茫。

想到原教育部周济部长答《人民教育》记者时说的“素质教育是老大难问题。再难也要推进……”这话时，我知道，有良知的教师、校长、教授、官员都在反思：为什么？怎么办？我聆听着，也思考着……

教育危机闯进心中

教育危机，一个从来没有深刻思考的问题，一个从来没有体验过的感受。也许，有了危机意识，便有了应对危机的思想和挑战危机的行动。危机应当不是一种惧怕，更应当是一种对未来行动的指导。从某种意义上讲，只有能够坦然面对危机的学校，才能够在危机中寻找到成长的路径。

2005 年 6 月 12 日，我们聆听国家教育部原督导办主任，国家督学郭振有以"究根究底，止于至善"的风格作"科学发展观和教育的科学发展"报告。他说的一段话如雷贯耳："第三次世界大战已经打响，它的战场就在世界各国的小学、中学、大学教室里……"联想到"中韩日"三国小学生联合夏令营，中国孩子的败北之相和日本人的骄傲之态；联想到中共中央以文件形式强调加强中小学生、大学生思想道德建设；联想到去年国务院颁发的加强体育工作文件，联想到褚宏启教授所讲的，在 2005 年大学生已有 86％的近视率；联想到周荫昌教授说的"人的进化没有终止，人的退化没有终止……我们民族素质在进化还是在退化？不进则退，中华民族面临危机。"从来没有从远处、大处和如此高度思考过教育问题的我，听了报告后，内心第一次产生了对中国教育的危机感。

学习中，楚江亭教授为我们作了学校"SWOT 分析"的全班合作式教学，在分析各校的危机时，来自天津、上海、大连、南京等大城市的校长坦承：他们面临着生源锐减，学校竞争实际是生源竞争的危机。

许多校长在分析时谈到了这样一个危机：社会不良份子对学校的侵扰越来越频繁，抢劫、威逼小学生现象时有发生。学校面临着社会的侵害危机。上海浦东的学友蔡校长说："上海浦东的繁荣使外来人员在近十年里猛增了许多，农民工、外来人员占了总人数的95%，犯罪率升高，外来人员引起的社会治安状况令人堪忧，给学校构成了极大的安全威胁。这是一个不能忽视的危机。"

来自哈尔滨的学友徐校长谈到的教育资源和政府行为使她的学校面临的危机，激起了全班学员的热烈讨论，也让我久久回味。她所在的小学校是所在区位列第二名的小学，第一名的小学就在区政府旁边，离她的学校不到一公里的距离。去年政府为了缓解优质资源缺失的状况，财政拨款在离她的学校不到两公里的地方新修了一所硬件条件非常好的学校。去年秋季开学时，政府指令从她的学校分流800名学生及20名教师到新学校。而今年报名时，她的学校的许多学生家长宁愿绕过本校去新学校报名。今年的新生招生人数大大下降，究竟是她的学校管理出了问题致使学生流失？还是学校所处城乡结合部，家长择校时只看硬件（校园外部环境是否好看）条件？究竟该怎样"化危为机"？

在分析教师和学生时，校长们谈到了"独生子女教独生子女"危机现象。授课教授甚至说此现象比初中、高中"更年期教师教青春期学生"现象的危害有过之而无不及。有这样的故事：一个女教师是20世纪80年代的独生女，在课堂上遭到学生的顶撞，她不是想办法解决问题，而是哭闹着跑回家找老公（其老公也是独生子女）。老公气极了，跑到学校质问校长："学生怎么能如此对待我老婆？"校长哭笑不得。还有这样的故事：一名独生子女教师，因父母托关系进了某所学校，担任一个班级的班主任。一次，学校号召学生捐款，当红榜公布时，她所带班级竟然只捐了“3 元”钱，较之于其他班级上千元、几百元的捐款，她竟无一丝羞愧，还说：“学生捐不捐，不关我的事！”面对这样的教师，我们该怎么做？发人深省，令人反思。

人无远虑必有近忧，居安思危方能长久安泰。列述学习期间了解和思考到的“大到国家民族，中到校长学校，小到教师学生个体”的危机，在分析和面对我的学校存在的教师和学生的矛盾、学校和学校的竞争、外部社会的安全威胁等危机时，我想我该怎样挑战我校面对的危机呢？

站上讲台　信念坚定

“危机”迫近，我们该怎么办？褚宏启院长希望所有学员们不是带着口袋来学习而是带着问题来学习。他语重心长，忧国忧民的语调让我久久难以忘怀。在毕业典礼上，褚院长向我们小学校长提出这样的希望，他说：“我们很重要，我们有能力，我们不容易，我们要关注灵魂，关注弱势群体，无论我们身处何地都能有所作为……”同时他也明白地指出，目前国家教育的问题都是国家发展中转型期的问题，我们只要突破理论研究与实践两张皮的顽疾，勇敢探索，努力进取，这些问题是会逐步解决的，就像国家必然从现在的经济社会转向繁荣、文明、和谐的伦理社会一样。

素质教育已走过十年的岁月，虽然是“老大难”问题，但它取得的成果也是举世瞩目的、巨大的。素质教育的方向性、正确性、紧迫性、必要性全国上下应是有共识的。正如赵德成教授说：“即使是为了我们自己将来能找个如意的女婿或媳妇都要实施素质教育……”教育部原部长周济在答《人民教育》的记者问时说：“父母希望自己的孩子成为什么样的人，我们就培养什么样的人，这就叫素质教育……”

我想，素质教育不是关于“素质提升的教育”的简单浓缩。是把“人在生存与生活中需要的素质”作为学校、家庭、社会的责任强化出来。由于人在不同的阶段和不同的环境的需要不断变化，由于社会对人的素质的要求不断变化，导致“素质”的含义不断的变化，使得人们对“素质教育”理解和要求不断的变化。不过，只要我们认识这种责任，落实这种责任，就是对素质教育的一种践行。所以，选择培养和强化的时代所需素质来实施自己学校“素质教育”就是校长的责任担当。

我是怀揣带着一个强烈的求证目的跨入北师大校园的，在去北京的飞机上我给自己下了一道死命令：求证我校“情趣教育”的正确性、可行性、价值度……当我真的踏入北师大校长培训班时却胆怯了。半个月过去了，我未向一人提起自己学校的“情趣教育”。我小心翼翼、认认真真地从教授、专家、领导的讲座中从同班学友的讨论中，一步步、一点点地求证着我的思考，反思着过去实践，可谓“独上高楼，望尽天涯路，为伊消得人憔悴。”就这样，在一步步、一点点地反观、求证中我越来越自信，越来越坚定：“情趣教育”可以成为我校实施素质教育的“抓手”，可以成为建设教师队伍的一剂“良方”。于是，在第三周小组讨论“谈谈自己学校的办学特色”的时候，我如实地将学校“情趣教育”实施情况讲了出来。果然引起了校长们浓厚的兴趣，很多人都赞成并欣赏我的思考和作法，特别对我校的“情趣阅读”本设计赞赏不已，并一致推荐我代表小组在全班交流。星期四下午，我在全班以《复杂的素质教育背景下简单快乐当校长》为题陈述了我以“情趣教育”为抓手，实施素质教育推动学校发展的历程，引起了班主任和校长们反响。大家的肯定，更加坚定了我的信念。我坚信：“只要去做，就会有收获。”

告别北师大　心存感恩

不知不觉，一月的学习时间已然成为历史。回首来时路，回想耳濡目染的林林总总，我明白了，世上本没有现成的答案，只有引领你寻找答案的人。我们在寻找中改变，在寻找中确定了自我。遥望远去的北京师范大学，心头涌上了这样两个词语：感恩、敬畏。

感恩这个时代。有许多校长总认为自己身不逢时，碰上了这个“转型期”的社会大环境，遭遇了课程改革。也有人慨叹，如果我们的教师都是孺子牛似的人多好，如果我们的学生还像我们小时候一样“乖”多好……我却不这样认为，我感恩这个时代，感恩这个时代的一切现实。虽然身处转型期，只要我们若能自拨思想迷雾，漫读经典就能实现自己的气定神闲。

感恩“二十期高研班”的所有人，特别是褚宏启院长、楚江亭教授、李烈校长、同寝室的学友张云鹰校长。

褚宏启院长是最后一天为我们授课并参加结业典礼的教授。他的著述丰富，为人坦诚，讲课风格隽永深刻，让全班学员都有“如沐春风、醍醐灌顶之感。”他以《走向校长专业化》为题讲述了校长要做到“智者不惑，仁者不忧，勇者不惧”。他说，一切教育改革必须落实到课堂上，校长要走内涵发展之路；一把手可以不上课，但要做到常听课，会评课；进得了课堂，讲得出名堂；国与国的竞争不是人才的竞争而是制度的竞争；“好制度”把学校办得更像学校，让其成为师生发展的乐园而不是部队，更不是监狱。每一句话都言之有理，言之有据，更重要的是他以谦虚的语调讲出如此智慧的语言时，学员们更是信之旦旦，他那忧国忧民的模样更深深刻印在学员心中。

第一周，楚江亭教授给我们讲授了《学校发展与教师职业生涯规划》，他的真诚敬业精神深深地打动了我们。当天他在身体尚未痊愈，上课时声音还沙哑的情况下，坚持给我们上了一天的课。他把我们编排成合作学习的 8 个小组，一遍又一遍地教我们进行学校 SWOT 分析，展示他去西部拍摄的很多张纪实相片，激情洋溢地带我们唱歌、做游戏，还真诚地与我们分享他对幸福、对教育的理解。听他的课成了我们的享受，不知不觉中升华了情感，学到了知识。

李烈校长的平易朴实，亲切自然，让我感受到了当今中国一流女校长的风采。她让我找到了榜样，更重要的是她让我知道，只要行动，只要坚持就会有收获，如果我们认准一个目标坚持行动那就必然成功。

特别想感恩的是我的同室女友张云鹰校长，遇上她便自然而然地喜欢上了她，称她为"云鹰姐"。她是广东省的特级教师，深圳市的知名校长，《人民教育》对她进行了专访，她已经个人撰稿出版了两本教学专著。她在整个学习过程中表现出来的谦虚好学，执著追求让我敬佩，她对我的热情照顾也使我难以忘怀。她带我拜访了她的一些很有成就的北京朋友，一次次的吃饭、聊天中，我走进了北京文化，享受了北京文化，一个月的时间使我对社会，对教育有了很大的感悟和提高。

感恩我们县教育局局长，他给我争取了这次难得的学习机会，是他在我临行时的告诫："好好学习，全面提高"，给了我压力，更给了我力量，使我以优异成绩结业。

最后，希望我的教师和学生心存“敬畏”和“感恩”。敬畏一切伟大的创造，敬畏一切教育教学规律，努力遵循规律，探索规律，发现规律；感恩自然，感恩亲人、朋友、同事、同学。心存敬畏我们才会谦虚，时常感恩，我们才会幸福。只有心怀感恩的人，才会“让自己的天空常蓝，让别人一生温暖”，也才会获得真正的幸福。

（本文为参加教育部小学校长培训中心第二十期研修班后的总结）

“5.12”汶川特大地震中叩问教育

“大地在颤抖，噩梦突然袭来，家园变成废墟，无数生命被掩埋。是你把生死置之度外，告诉我不要放弃，人间有大爱……因为有你，驱散阴霾，啊……因为有你，生命之花再度重开。你向我们走来，没有太多表白，迎着风冒着雨，还有满身尘埃。目光诉说着忠诚奉献和关爱，告诉我不要放弃，人间有大爱啊……”每当听到祖海这首歌时，我们每个“5.12”地震灾区人的心就会颤动，经历了那场灾难的太多的感慨、感动又会被她撩起，太多受灾时的记忆又会伴歌重现。

2008年5月12日14时28分，四川省汶川8.0级特大地震，这个黑色的日子里，无数美丽的家园变成废墟，无数鲜活的生命离我们而去。这天中午正是我校学生午间操结束后学生准备上下午第一节课的时间。突然间地震的到来让师生们都惊呆了：天地颤抖起来，墙壁粉末爆裂，大风卷着沙尘旋转……紧接着，老师们带着学生往操场避险。地震让学校四分之三房屋成了重度危房，不能入住；师生们都在恐惧中倍感幸运的是：全校2100名孩子，只有两个孩子脸上擦了点轻伤。

接下来的时间里，我一边忙于应对余震和各种次生灾害工作，一边忙于学校的灾后重建。其间，学生根据地震预测临时性休息、复课。上课地点灵活安排，有的在郊外异地上课，有的在校内帐篷上课，有时教师家访到学生居住的帐篷辅导功课。

我县作为本次地震的成都市四大重灾区之一，受到了中央到地方各个层次、各个部门的极大关心和援助。这次的大地震给了我们每个人太多的人生启示，给我们每个教育工作者上了一堂生动的生命教育课，国家民族集体主义教育课，他让我们学会了感恩，学会了珍惜友谊亲情……

作为校长的我经历了从开始的震惊，繁忙的应对，到现在深刻反思的过程。反思我们教育的真正意义是什么？反思我们过去的教育有什么问题？反思我们过去的教育缺失了什么内容？

教育首先应该是关乎生命的，他应该首先保证生命的安全、健康；其次为着学生的人生快乐、幸福而作出努力。泰戈尔曾说过："教育的目的应该是向人类传送生命的气息。"如果我们的教育背离了确保生命的安全，提高生命的质量，实现人生的幸福这个轨道，那它是没有意义的！

在一次全国灾难教育培训会上，上海市教科院德育咨询中心主任谢诒范则认为，应试性教育的成绩、升学等功利性竞争带来排他性、利己性上升，与他人共事协作的经历缺乏带来合作互助意识与能力不足。因为合作能力，互助意识、愿望、能力的减少，往往使我们面对灾难的集体逃生呈现散漫的、失败的结果。他还指出，现在的学生缺乏运动，体能锻炼不足，导致缺乏应对自然灾害的基本素质及技能。现在学生在校外的体育运动时间极少，课外的体育课得不到保障，特别是到考试之前理所当然被取消，学生对此是敢怒不敢言。谢主任指出的问题，扪心自问我校是否存在呢？作为校长我应该更加诚实的回答："一定程度存在的。"

我们过去的教育缺失了"灾难教育"这项必须的内容。过去一说到"灾难"，我们的心理或多或少都感觉晦气，从而回避。一说到灾难教育就好像只有教学生如何逃生这项内容，从而各种安全教育流于形式，教师学生都不能引起高度重视。对比一下日本学校安全教育真让我们感到汗颜。早在20多年前，日本的中小学就已经有了防灾和自我保护的教材。除了学校开设防灾课程外，政府还常常派防灾指导人员到学校对学生进行防灾知识教育,组织各种防灾活动。有些学校开学伊始就给学生布置这样的作业:发一张地图,上面标示着学校和家庭附近的区域,让孩子们按照放学后回家的路线,在地图上标出警察署、公用电话、饮水处、可避难的公园等重要地点。学校经常举行防震演习,教给学生在家里、学校如何选择躲避地点,被困时如何呼救等知识。有的学校还让孩子们在模拟地震晃动的"体验车"里,感受地震。在这种身临其境的教育环境和方式下,日本孩子的防灾意识逐渐加强。日本学校安全教育细致到位,高标准建设学校校舍,防灾用品有备无患,学校是所有居民避灾的地方,第一个原因是前期房屋造得比较牢固,第二这里有操场,可以供直升飞机进行救援。同时日本的居民已经养成习惯,一谈到灾害先看学校,学校变成一个参照物,日本所有学校每年都要有计划地进行 4 次左右的全国学校灾害模拟教育;定期举行防灾实物模拟竞赛,让学生养成灾害本能反应,减少对灾害的恐惧;从学校课程到家庭演练都不放松灾害教育,几乎每个家庭都配备一套灾害应急自救包……

"5.12"给了我们狠狠一击,它警示着我们:灾难随时可能降临校园。灾难教育刻不容缓,灾难教育应该日常化、常态化。我要和教师们一起构建北街小学灾难教育校本课程,积极主动的把灾难教育落实到学校的各个层面。德国社会学家乌尔里希·贝克曾形象地把当代社会形容成是一个险象丛生的"风险社会",自然风险、社会风险如影随形,越来越难以预测和控制。联系我国社会发展的现实,迫切需要我们居安思危,增强危机意识,加强灾难教育,不断提高应对各种灾难的能力和水平。作为校长应该有强烈的责任感和使命感把灾难教育落到实处,为祖国未来培养出"富有同情心、勤于思考、具备强健的体质和意志"的高素质公民。

(此文摘选于 2010 年 4 月 30 日在全国灾后重建校长专题培训成都师范班上的演讲稿)

再进北师大　压力和忐忑

命运再一次将我领进了北京师大。

2009年9月14日，我非常幸运地再次走进了北京师范大学，参加国家教育部小学校长培训中心举办的“全国小学优秀校长高级研究班”学习。第一次参加培训时的激动和期待升华成了压力和忐忑。

这次培训学习活动，是教育部为贯彻落实《国家教育事业发展“十一五”规划纲要》提出的“提倡教育家办学”的要求和《全国教育系统干部培训“十一五”规划》精神而举办的，是教育部有目的、有计划、有组织地促进教育家型校长成长，储备教育家型校长后备人才，大力营造教育家办学的格局，促进我国基础教育质量不断提高，在全国遴选一批特别优秀的中小学校长，进行为期一至三年的重点培养和跟踪。本次研究班学员由各个省、直辖市各选一名的校长组成。高级研究班采用多步式培养方式：聘请专家、官员进行核心专题讲授；实行导师制，聘请名师指导；梳理办学思想并深入研究学校中的某一问题；入驻名校开展影子培训；组织境内外教育考察；进行办学思想答辩；汇集并出版办学思想或研究成果。高级研究班培训经费由教育部统一划拨，学员免收培训费、住宿费。因为培训规格高、要求高，压力应时而生，内心甚至有些许的忐忑不安。

首次为期十四天的培训主要集中于宏观理论，教育政策法规、教育远景规划的学习。学习期间，我们聆听了教育部副部长、党组成员李卫红的讲话，教育部人事司副司长吕玉刚关于人事改革、绩效工资政策的解读及出台过程的讲述，教育部教育发展研究中心主任张力关于国家未来教育的改革与发展战略的制定和解读，还有北师大、中国教育学会导师的十来个报告。

开幕式上，教育部小学校长培训中心主任褚宏启教授和基础司巡视员谢志敏对我们寄予非常高的期望。他们说，我们这批校长应该是教育部的黄埔二期学员，非努力不可匹配。后来十来天的培训中，每个专家、领导都这样寄予深切期盼和要求。我自认天资不够聪颖，目前的成绩还没底气与他们的希望相呼应，怕无以回报、无力回报而羞愧，于是我感到压力，于是我忐忑。

十几天的学习转眼即过，这半月里，我看到同学们的勤奋、执著、团结，感受到他们受到鼓舞、激励后的努力和提高。渐渐地，我不再“忐忑”，而是充满了学习的动力。班主任陈锁明院长鉴于我们对研究的疑虑给我们的指导，也减轻了这种忐忑。他说：用自己的眼睛去观察，用自己的心灵去感悟，用自己的头脑去判别，用自己的语言去表达，用我们的语言叙述我们的实践，从我们的实践提炼我们的经验，让我们的经验体现我们的特色。

他的话鼓舞了我，我坚信努力就有收获，我将努力朝着“教育家”的方向前行，尽可能以教育家的胸襟当校长，以教育家的精神意志克服困难，踏实工作。那就是古人所云：“高山仰止，景行行止；虽不能至，心向往之”吧！

剖析现实　在迷途中回归

本次学习中听取了刘坚老师（教育部基础教育课程教材发展中心主任）、郭振有（中国教育学会常务副会长）、陈锁明（北京师范大学教育学部培训学院副院长）的报告，题目分别为《全面推进课程教学改革 找回教育失去的家园》《教育的改造与教育家办学》《变革与突破——学校教育的困境与走出》。他们在给我们上课时的认真投入，诙谐幽默，尊重平等，友好和谐一次次地感动着我们，感染着我们。他们共同给我的强烈震撼不止这些，还有他们那种对教育，对中国教育强烈的责任意识和责任担当，为此而表现出的那种对教育现实和未来命运的忧虑和思考，他们身上洋溢弥漫、呼之欲出的是中国知识分子舍我其谁，从我做起的奋发精神；是为民请命，为国分忧的脊梁力量。如果说我们之前还觉得教育家离我们还很远，这次也不过又只是一次培训的话，那么听完报告后，他们让我们，至少让我开始心情激荡，开始跟随他们对中国、对中国教育，对中国未来开始了我应该、也必须做点什么的强烈思考。

他们以下面的案例告诉我们，中国教育的现状让他们忧虑：

我们有这样的校长：6 月 25 日，高考成绩揭晓，分数线、达标人数、状元郎、落榜生，各类消息如潮水般涌来。捧着连夜取回的高考分数册，一夜间我愁白了头。数了一遍又一遍，33 人，本科达线率只有 4%，怎样向师生、社会交代？我把自己关在校长室，一连几个小时，沉浸在茫然的麻木中。心痛、委屈、羞愧凝聚成涩涩的两行苦泪——不择手段抢学生、加班加点、办复读班都不能拯救我和我的学校，此刻真有些木讷了。觉得自己像一位老农，面对干涸的土地，只能用一滴眼泪来拯救它；现代校长不应该是这样，我真的不想这样当校长，真的不想当这样的校长！然而，走出困境的出口又在哪里？

我们有这样的老师：我不知道到底是该欣喜呢，还是悲哀？我心里有一种说不出的悲凉和歉疚，我怕我是教育的罪人，我怕我是扼杀学生天性的刽子手。

我们有一个这样的学生在“死亡笔记”中说：“我对生活失去信心，我活着像个死人，世界是黑暗的，我只是一个毫不起眼的细胞”“不光是老师，父母也不尊重我，同学也是，他们歧视我……我也不会去尊重他们。我采用了这种最极（端）的方法。我不会去后悔，我希望用这种方式可以唤醒人们对学生的态度，认识社会，认识国家，认识到老师多么混蛋，让教育可以改变。”

我们的教育存在这样的“潜规则”——我们在教育质量提高方面始终依赖于“老三样”：

其一，提高质量的文章做在“稀缺资源”上，要高质量就要有好生源；

其二，学生基础差，课时不够，要提高质量就要增加课时，就要提前结课，就要全员补课；

其三，为提高升学率和平均分，就积极消肿，减少学困生数。这样的“潜规则”是业内所共知的，它也在时时刻刻影响着我们的教育，影响着学校的发展，影响着教师的专业成长，影响着学生的健康成长。在百度网的“承德一中”帖吧里，抨击的帖子随处可见——“难道像这样把我们几乎要逼疯的管理制度就一定会出成绩吗？”

学生还说，最让他不能接受的是，晨跑的时候，学校播放的不是音乐，而是每天滚动播放 5 个英语单词。

“学校这样做根本没法让学生好好学习，只有仇恨，仇视这个学校。”

体能素质下降：软（肌肉）硬（关节）笨（动作不协调）晕（前庭耳蜗神经。不教倒立课。晕车船飞机）

高中生80％头疼眩晕失眠精神不振作注意力难集中，官员苦心经营教育却饱受社会批评，校长不满现状追升学率提心吊胆，教师辛辛苦苦付出得不到回报，家长不满学校、老师，学生负担过重难有理想成绩，学了也无用……

我们的教育到底怎么了。

成人控制太多，个人兴趣太少。规定内容太多，自主学习太少。

标准答案太多，发散答案太少。学科知识太多，人文素养太少。

学习时间太多，体育锻炼太少。纸笔训练太多，体验探究太少。

作业练习太多，尽情玩耍太少。在校生活太多，闲暇去处太少。

智力活动太多，体力劳动太少。记背死知太多，灵活运用太少。

教辅书册太多，自主阅读太少。优越条件太多，艰苦磨练太少。

分数评价太多，多元评价太少。校内生活太多，社会实践太少。

性别同一太多，差异教育太少。

他们语重心长地道出他们一致的担忧，这样下去，身体垮了，强国强种的目标难以实现；学生以透支的方式，牺牲型的付出为代价获得分数的直接结果是大面积孩子的厌学乃至厌生；还有就是创新，实践愿望、能力的丧失、缺乏。

他们也不约而同地开出了药方。刘坚老师送我们两句名言：过程好了结果不会差；学生主动了结果会更好。郭老师说目标一致，变革方式，强调快乐学习、把应该和喜欢统一起来。陈老师指出未来教育趋势以及正确的教育方式。

我们的教育迷路了，前行的方向在哪里？他们的讲话中不约而同的提到：回归。“回归”，让我们到自己祖国博大精深，源远流长的教育史上寻找良方，获得教育智慧和教育自信。

“回归”，让我们学习自己的教育家。如陶行知，他很早就提出教、学、做合一的“生活教育”，并且对“杀人的会考和创造的考成”有着非常精辟的论述。“回归”，让我们回到教育的本位，教育人宁静致远地思考探寻教育的规律，运行法则，实现教育的科学发展……

“回归”，这个词令我久久回味，难以让自己的思绪休憩。前面提到的都是我们教育部门内部的回归，而现实中真正让我们教育人无法回归的因素是什么？

这个问题激起了校长们激烈的讨论。首先我们绝大多数校长、教师是有良知的，甚至他们是目前最受打击的，却有说不出的痛苦的，他们渴望教育“回归”。上海何学峰校长的观点是，中国人多，优质教育资源少，家长为自己命运前途肯定要在“读好小学，读好中学，读好大学，找好工作，实现好人生”道路上赛跑，很多家长对自己孩子的非理性跟风式选择，万人高考挤独木桥，一条道上走到黑的事实导致出现教育的可忧现状，这是很多人的共识。如果这个观点正确，那我们应该还要强烈呼吁全社会实现一个最大的回归，也是最重要的回归，那就是社会群众（人民）的人才观、成功观、职业观的理性回归。台湾学者曾仕强在评价胡雪岩的人生时说，任何人的成功没法克隆，只有勇敢做自己。每个人的道路不同，天生我才必有用，每个人要走出自己的一条路。古语云：三百六十行，行行出状元。20世纪五六十年代全社会流行的职业观：职业没有高低贵贱之分，靠劳动挣钱吃饭最光荣。这个回归工程巨大，远比教育内部的回归艰难而又重要。这个工程需要政府统一指挥，全社会共同行动。但我们不能等待变化，坐观变化，我们应该有所作为，也可以大有作为。正如光明小学校长廖文胜所说，我们一两个校长，甚至若干个校长教师行动起来，社会风气就会发生变化。比如，我们可以召开家长会，可以写文章。可以教育学生，可以走向社会宣传，影响改变家长的人才观、职业观、成功观。另外，我们家长还要适当调整对教育的预期。比如，国家说："办人民满意的教育"需要全社会正确的理解。何为满意？何种程度才叫满意？万一家长（人民）是"渔夫的妻子"那样贪得无厌，欲壑难填怎么办？再比如"没有教不好的教师，只有不会教的老师"用于激励教师是很好的，但是家长完全依据这句话来要求学校，无视学生的差异，这就会导致社会舆论错误偏斜，带来一些不良的社会后果，影响家校和谐，增大教育难度。这些都需要学校对家长进行疏导、宣传、纠偏。事实上上网一查，很多地方早就行动起来了，也收到了很好的效果。

把中国教育与美国教育目前的困境相比较，与欧洲、与亚洲其他国家也不尽如人意的教育现状相比较，我、我们愿意把新中国的教育事业比作一个意气风发的少年。那他的迷路属于前行的勇敢，成长的自然；他的回归是一种厚积而薄发，君子自强的迈步；更是对自己民族文化的自信，一种对古代先贤回望的智慧。生于忧患，死于安乐，导师们给我们指明了前进的方向，我们自信迈步。

理性与感性

我作为一个小学女性校长，一个教语文出身的女性校长，一直以来感性地思维、感性地生活、把工作做得自以为满意，好像也挺快乐。过去，面对理论化的理性研究和大块文章觉得可有可无，甚至笑谈：感性没有什么不好，何必活得那么深沉、深刻？这次培训彻底扭转了我的这些偏见和愚陋，回眸自己，看到昨天自己短视和肤浅，也庆幸自己拥有"而今迈步从头越"的为时不晚！

这次培训中，褚宏启教授以访谈的方式为我们讲授了《现代学校管理与校长思维方式的转换》，印象最深的是他特别强调我们校长，特别是教育家型校长要每天问："是什么？为什么？"一定要从经验型走向理论型。他指出现代校长应该具有现代精神，校长的现代精神至少包括三个方面：科学精神、民主精神和法治精神。而培养校长现代精神的核心素质就是校长思维方式的转换。他以美国教育家杜威对"反思"（即反省思维，reflective thinking）的理论告诉我们这一道理。反思是对某个问题进行反复地、严肃地、持续不断地深思。反省思维形成的对事物的认识不是表面的、肤浅的、粗糙的，反思是一种仔细观察、详加分析、充分考察、积极预见的过程。反思的方法就是一种解决经验中存在的问题的方法、一种使人明智地行动的方法。一个思维过程完结后，不但问题解决了，思维者的知识经验也获得了新的内容、新的性质，思维者也就得到了进一步的发展。对这种思维的方法应作广义的理解，不应把它看做我们一般所言的纯粹思维的方法，实际上，它是一种综合性的方法、行动的方法，因为这种思维过程中包含观察、分析、综合、想象、抽象、概括等多种能力的运用。

褚教授提出，在校长的工作和研究中要坚持求真务实。实事求是，脚踏实地运用科学、理性的思维态度和工作方法，他拟出了正确思维的几个基本步骤：

1. 问题是什么？
2. 问题到底是什么？
3. 到底为什么？
4. 应该怎么办？
5. 到底怎么样？

从问题是什么、问题到底是什么、到底为什么、应该怎么办以及对解决办法的检验和评价，构成分析问题、解决问题的一个完整流程。这种思维方法是解决问题的思维方法，始终关注实践和行动中的问题。只有问题解决了，学校才能真正得到发展。另外，这种思维的过程包括了观察、分析、想象等多种能力的运用，是对校长综合素质的考验。

他的讲解让我们感受到理性思考的美丽，轻拢慢梳中，平时琐碎杂感的管理工作呈现纹理清晰，走向明确，路径分明，秩序井然的思维布线图景，于是我试着系统宏观地从本质上思考一些问题。

第一个问题是，校长信什么？或者说校长以什么样的情感行为、知识技能、态度精神为价值？而追求和实现这些价值的能力就是校长价值领导力。校长信什么很大程度上决定了教师信什么，教师信什么决定了学生信什么，从而使学生成为什么。石中英教授告诉我们，牢牢地把握人类的基本价值共识（俭朴、清洁、诚实、快乐、信任、理性、自由、合作、公正、尊重、和平、责任、宽容、团结、幸福、人格平等、体恤弱小等），系统地掌握社会主流价值（马克思主义指导思想；中国特色社会主义共同理想；以爱国主义为核心的民族精神和以改革创新为核心的时代精神；社会主义荣辱观）。他指出，校长是学校的灵魂。校长在学校管理和发展中的灵魂作用就体现在他的价值领导力上。只有树立了正确的关于人类、国家、学校和自身的价值观念，只有具备了卓越的价值领导能力，他才能真正成为学校的灵魂，赋予学校以蓬勃的生机与活力！我对此理论说法深信不疑。我继续追问自己，校长教师应该信仰什么？我回答："真善美，教师理所应当成为真善美的化身和真善美的播种者，传扬者，实现者。真善美应该成为我们的教义。"廖文胜校长说他现在要求教师和他一起读《共产党宣言》，因为他信。我不敢这样做，因为我周边的人对共产主义真正内涵的不甚明了；更主要的是我对马克思列宁主义，共产主义等政治内涵也了解得不全不深。

第二个问题，现在全社会都在提校园文化建设，以文化治校，特色办学，何为我校的学校文化？学校真的非要有特色吗？我校的特色是什么？石中英教授指出，学校文化的核心是价值领导，我校提出的"情趣教育"是不是我们的主要价值文化提倡，"情趣教育"是不是就是我校的特色文化？张东娇教授的讲解给我指点迷津。她指出，特色文化就是给每个目标一致，行动趋同的学校一个区分，给自己学校一个文化标签，犹如一个人要有名字，而且最好是一个有影响力、吸引力的名字，一个名符其实的名字。第三个问题是新时期的家校联系如何开展？

还有很多很多……一旦思维的栅栏被打开，内心突然变得有序而敞亮。正如褚宏启教授所言，工作中围绕问题的发现、研究和解决，是一件永远充满刺激和乐趣的事情。于是，我开始尝试在感性基础上加上理性思考，理性判断，理性实践工作方法。

坚定理想　努力前行

躺下来，头脑里不停地闪烁着各位老师的话语，开始了久违的关于“理想和信念”的思考，感觉它们显得那么遥远而宏大，像天上的星星，闪耀着迷人的光辉；它们也好像在梦里，在偶尔的梦呓里，飘缈而华丽；它们在遗失的十八九岁的青春里，曾经汹涌澎湃的梦想激情里……

小时候物质贫乏，好东西很少，也很难得到，想象力可怜；家长管教严格，好像家长没给的都是不义之财物，得之所不该得反而很痛苦。慢慢的，童年便没有猖狂的梦想，当然也就谈不上理想和信念，老老实实地读书，考师范。真正有梦想，还是从师范学校接触了大量的书籍开始的，但一直很模糊、很抽象，好像也没有哪个教师透彻地讲解过、厘清过。现在回想起来，可能他们也没弄清楚，不敢讲。或者他们的理想也是能吃好的、穿好的、住好的，就如同那个时代我们那个层次的人们的梦想、理想吧。

在培训中，教授们、领导们数次提到要有做教育家的理想与信念，郭振有老师还借用钟南山的话，“人要活在现实中，还要活在理想中”来鼓励我们，我们也一直口口声声告诫孩子“志不存者智不达”“立大志，才能建大业”“人活着有目标才有意义”。那我应该存什么样的理想，秉持什么样的信念呢？作为“办好一所学校，带动一方文明”的北街小学（大邑小学的名校）的校长又应该坚持什么样的信念，向什么样的理想目标奋斗呢？一个校长都没有理想信念，又怎样带动引领教师、学生走向光明希望！

曾几何时，我和我的教师们被这样的文字一次次的打动，感受到作为教育人的骄傲和自豪：良好的教育一定能够给无助的心灵带来希望，给稚嫩的双手带来力量，给迷蒙的双眼带来澄明，给孱弱的身躯带来强健，给弯曲的脊梁带来挺拔，给卑琐的人们带来自信。而一个拥有希望、力量和自信的人最有可能成为幸福生活的创造者，美好社会的建设者（肖川）。于是我们本着教育和做人的良知“以父母之心办教育，以父母之心当教师”，我们兢兢业业的工作，认认真真的生活。

这些年来，我们开始了深层次的思考，开始了以科研课题为抓手的理性探索，在四川省陶行知研究会姚文忠教授的指导下开展了“情趣教育的理论及实践”研究。借这次学习的机会，我与我的导师交流、讨论，进一步厘清了研究思路，研究规划。“情趣教育的探索和实践”就是我和我的教师们的职业理想和信念，这个答案让我兴奋而快乐。结合郭振有、刘坚老师的观点我更加充满自信而振奋。郭老师借用林砺儒大师的一句话说明素质教育是人格的教育，“我认定理想的教育，是全人格的教育，乃是要引导他的人格的活力往科学文学艺术方面去。把富有人格魅力的人送给社会。”刘坚老师说：“教育面临一个巨大的拐点发展期，素质教育成了未来的首要选择和首要任务。”我们的情趣教育正是基于人格培养的一种提倡，一种素质教育的有效探索，它是我们“北小人”努力前行的正确方向。

悉心打包收获，再次告别北京师范大学，我已扫去了来时的迷茫，重塑了信念，步履变得轻快。我知道，我的学校在等着我，在期待着我的“回归”。

令我难忘的校长们

研究班历时两年,前后集中学习四次,出国访问一次。我班班名“京师卅行”,很多难忘的细节回忆起来让人温暖,更让我难忘的是同学们的互帮互助,共同成长。这些来自全国的校长们几乎是目前小学校长的缩影。

他们是认真而执著的。记得研修班上一个藏族同学,每次笔记和作业他都要汉藏双语对照着写,工工整整几大篇,让人油然而生敬意。看着他高大身躯和黝黑的脸膛,不苟言笑的神态表情,总让人联想到他家乡青藏高原的黄天厚土的威严和坚强。研修班上很多校长数十年养成了早起早到校的习惯,对北京培训时朝九晚五的作息时间很不适应。一个江苏的女校长在我们培训期间每天早上四点过就起床,宿舍门不能打开,她就先在楼道上锻炼身体,接着写头天的学习日记。我总是在联想她几十年坚持写日记,坚持早起锻炼身体给他学校、教师、学生带去的又是何等重要的榜样力量,人格影响?

他们是质朴可爱的。记得研究班上一个来自青海的张同学,他随身总是带个黄色封面的工作笔记本,(最便宜的那种)想到什么就记什么,不懂什么就问什么,总是谦恭地向同学请教。为了学英语,看着老外就去和人家对口语,从不怕别人笑,也不看别人的脸色。青海省很重视民族教育,而他的学校是涉及多民族的学校,他去英国培训很多费用要自费,于是他试图节约每一分钱。在英国机场候机回国时，熙熙攘攘的国际机场上唯有他的行李袋是塑料编织袋，那红蓝条纹的便宜编织袋在各种高档别致的旅行袋、旅行箱中显得很扯眼球，有人笑他为“国际农民工返乡”，他一点都不在乎，继续乐呵呵地帮着大家拎皮箱。和他熟悉的我们知道，他有自己在乎的东西，他在乎自己学到了什么！工夫不负有心人，短短的二十几天英国行结束时，他的英语口语进步神速，居然能够和老外做简单的对话，还能给我纠正文章中几个英文地名。回来不到两月，青海省教育杂志全文刊登了他上万字的英国教育考察笔记，他本人的学校改革也有很大进展。

他们还是幽默而富有情趣的。“现在的中国是发展机遇期，也是矛盾高发期”这句官员们耳熟能详的话反映了校长们所处的社会环境并不理想。安全的压力、质量的压力、经费的压力，社会转型时期各阶层利益的调整和变化让校长们经常身处风口浪尖。如何应对压力，如何举重若轻？我认识的校长们总是用幽默给予化解，用情趣给以调适。记得研修班上一个校长，他叫师生一起收集幽默笑话，定期进行比赛，可以想象，几年下来，他的学校肯定会流淌成一条快乐、乐观的河。西安一位女校长每天再忙也要坚持弹钢琴，朗诵诗歌至少半小时。记得深圳一个女校长善于打扮自己，每次见面总是给人都市丽人的美好印象，而她在工作方面的成就也是有口皆碑。她每天坚持写作，出版了好几本自己的专著；她还开办了自己的名师工作室，可谓忙得不亦乐乎，她又显得那样游刃有余，优雅美丽。

（此文为参加“全国第二期优秀小学校长研究班”总结）

给教师的信

两次北师大培训，给我思想上强烈地洗礼，让我的教育理念如获“涅槃”。教师是学校发展的根基，我该以怎样的方式来与我校的老师们分享那些“如夏花般灿烂”的培训收获，与他们达成一致的价值认识与追求，并为之“披荆斩棘”？

我选择了这样的方式：给教师们写公开信。

教育急躁不得

年轻的教师朋友：

今天上午新教师见面会上与你们交谈后，直到现在我的心情也难以平复。你们洋溢着青春气息的脸庞，活泼张扬的表情难以让我忘记；你们对未来的热情向往，对未知的好奇天真，也把我掀回了青春的回忆汪洋里。

窗外美丽月色作伴，趁着这份激情，我给你们写第一封信。首先，我要祝福你们：青春幸福；我还要为你们祈祷：尽可能让青春时间长一些。

我今天在会上说，你们是学校的未来和希望；还说要想幸福一辈子就得爱上自己的职业。这些都是我的真心话，也是我们老北小人的人生经验。会上，我还郑重地对你们说，你要时刻记住，有无数孩子的未来就掌握在你的手中，你的言行举止，将决定每一个孩子的幸福，也将决定每一个家族的幸福，乃至将决定整个民族的未来。说这番话，是为了告诉你一旦与孩子接触，你就不再是孩子，而是教师，你就应该肩负起教育的责任。这一点对于你们这群“80”“90”后的独生子女来说尤其重要。而且我坚信，只有拥有了这份教育的神圣感、使命感，我们漫长的教师生涯才会庄严、幸福。

你们要求我给一些忠告，对此我有太多的话要说，最紧要的是什么呢？我想就是这个标题吧：教育急躁不得。

首先这是我的人生教训。当面对有些反应迟钝，辛辛苦苦教他，结果收到的回报还是不及格的孩子时；当面对有些调皮捣蛋，屡教不改，影响班级的孩子时；当面对自己竭心尽力，考试成绩却老不如别班的班级时……于是我开始犯和所有年轻人一样的错误：对学生表现出气急败坏的神情，做出不理智的行为，开始恐吓，开始惩罚，开始加班加点的强记死灌……他们开始恐惧我，疏远我，讨厌我……越是这样管理班级，学生学业越来越滑坡，我也越来越疲累，教育的无力感与日俱增，甚而开始害怕到教室……现在想来他们是多么的无辜，我当时又多么的不得法。

教育是慢的艺术，教育急躁不得。

有个知名的教育故事：一名校长在办公室里办公，无意间看见一个低年级的小男孩毫无顾忌地端走走廊里的一盆玫瑰花，然后很开心地向校门走去。校长没有追出去批评这位孩子，但他很纳闷，也很伤心：自己的教育多么失败，学生偷东西，还没有显出一点偷东西的羞耻感。第二天早上，他又看见这个孩子，只见这个孩子手里捧着昨天“偷”的那盆花。孩子欢乐地跑到校长面前对校长说：校长，我奶奶病了，她躺在床上很久了，她好想闻闻玫瑰花的香味。昨天，我把这盆花带回去，奶奶闻过花香后精神好了好多哟！现在我把它带回来，奶奶还说，要我谢谢你！

生命教育的专家张文质曾在他《教育是慢的艺术》写到：教育需要的是持久的关注，耐心的等待，需要的是潜滋暗长和潜移默化，“立竿见影”往往是有害的，甚至是反教育的。经验也同时告诉我们，从生理学、心理学的基本观点与规律来看，他们对自己的工作，对学生的落后着急是正常的，也是应该的。年轻人血气方刚、急于表现、充满抱负，希望更快、更多地证明自己的价值，“急”往往是一种责任心、充满工作激情的表现。我希望的是你们能做到急而不躁，急而不乱，再急也要遵循教育规律和学生身心健康发展规律。

如何做到急而不躁，急而不乱呢？曾经有个老师介绍他的经验时说，他每天早上都会对自己默念几遍："欲速则不达，欲速则不达……"我这儿给你一些建议：

一是制订切实可行的工作计划。计划每天干什么，干到什么程度，最好把计划和别人商量，这将有效避免你每天在琐碎的工作中迷失方向，更避免你每天过度地关注结果而心急火燎。当你每天按计划行事时你会很安心，也会很放心。

二是学会自我控制情绪，不要做情绪的奴隶。美国著名的教育心理学家吉诺特博士曾在他的一本书中写道："在经历了若干年的教师工作之后，我得到一个令人惶恐的结论，教学的成功和失败，'我'是决定性的因素。我个人采用的方法和每天的情绪，是造成学习气氛和情境的主因。身为老师，我具有极大的力量，能够让孩子们活得愉快或悲惨，我可以是制造痛苦的工具，也可能是启发灵感的媒介。我能让人丢脸，也能叫人开心，能伤人，也可以救人。无论在任何情况下，一场危机的恶化或解除，儿童是否受到感化，全部决定在'我'。"

三是学会明辨是非，独立判断。刚刚走上工作岗位，面对崭新的工作环境，学校其他领导会给你安排师傅一帮一的带领你，让你尽快适应新工作。学校还会给你制订许多的成长计划，培训计划，你会听很多节课、很多学术报告，看很多教育书籍。展现在你面前的教育现实是新鲜而复杂的，你所听到的教育理念和方法是丰富而多样的，有些观点甚至是对立的，很多方法让你难辨真伪。学会明辨是非，做到自主判断，自主选择，自主发展尤为重要。在一个群体中坚持自我是不容易的，但我可以欣慰的是目前学校已经形成了比较民主、和谐环境，如果你认为正确的一定要坚持，保持你的个性，成就你的特色。走过这么多年的教育岁月我总是坚定一个观点：所有教育的发现都是人性的发现，所有教育的道理其实都很平实、浅近。我们自己当学生时希望教师是什么样的，我们就做什么样的教师。教育的真正难处在于无所用心，听而不闻，视而不见，教育的难处还在于我们不由自主地、时不时地偏离了人性的轨道。怎样检验你的工作，不要只是看学校行政领导给出的评分，因为我们目前还不能说学校的各种考评已经完全科学；也不要只看家长的脸色，因为他们也是需要提高的；更不要动不动就把自己班级的每一样成绩和其他班比较，这会导致你的急躁，更容易培养学生的急功近利。你可以这样检验自己的班级：今天是否比昨天进步？学生是否保持了热爱学习，阳光进取的态势？学生是否学得主动、生动？如果答案是肯定的，我就恭喜你：放心吧，你班的未来不会差！

最后一点就是坚持正面教育，即使这可能会比惩罚教育或负面教育更辛苦、更困难。当学生不听话时，教师一着急就以羞辱、惩罚的方式企图纠正他，结果可能会导致这个孩子更加逆反，更加偏激，更有甚者会跳楼自杀等。这应该引起你的警觉，正面教育是爱护、保护孩子，也是爱护、保护我们自己，让我们尽可能少些悔恨。

青春是首歌，相逢是首歌，再次欢迎你来到北小这个大家庭，请你把我当成朋友，有话尽可向我倾诉，让我分享你的快乐，分担你的难过。

祝你的教师生活幸福！

尽可能让孩子快乐

亲爱的老师：

今天，我收到一封学生来信，这个学生在信中大致表达了他对所在班级班主任老师的不满和疑问。信中他客观地说，班主任老师很辛苦地教育他们，他们班级的考试成绩一直都处于年级中等，老师说他们没有其他班的孩子努力，没有其他班的孩子听话，这个说法我和同学们也不知道是不是正确的，但他们感觉自己已经很听话了，也很努力了。现在他们不能忍受老师越来越粗暴的态度、超负荷的作业。老师的粗暴具体表现在，如一人犯错误，全班惩罚抄写课文，偶尔还要吐学生口水，说你是笨猪之类刺激自尊心的话。看了信后，我按照惯例进行校园巡视时，特别关注这个班级学生的状态，我看到这个班的学生上课时总是规规矩矩的，看上去很专心听讲的样子，班级各种管理也显得规范有序，也没看出学生在信中反映的迹象。但这个班和别的班是有一些不同，不同在哪里呢？半个月来，我一直没有找到答案，直到今天我到另一个班参加中队活动时，才恍然大悟。这个班的孩子没有朗朗的笑声，没有其他班级那种天真、好奇、顽皮、活泼的精神状态。班级呈现的是一种有些压抑、沉闷的氛围，不符合孩子们的年龄特点的严肃状态。简单地说，这个班的孩子不快乐！

针对学生信中提到的教师师德、师风问题，我校早就有各种各样的制度，如教师十不准，教师承诺十条等等；关于减负问题，学校的制度更是严格，比如每天限制作业的时间，每个月的第一周不准布置书面作业等等。制度是靠老师执行和遵守的，如果你心中没有正确的认识，变制度为自觉，就会想很多办法来应对学校的考核评价。我知道，这位教师这样做，内心是想为学生好；他这样做，自认为是对学生负责，甚至比其他老师还辛苦。我可以推断：这位老师也不快乐！

我忍不住想对所有老师说：尽可能让孩子快乐，好吗？

我在一本书上看到过这样的观点：教育的方法固然重要，可教育的方向才是第一位的。如果方向错了，方法越好、越有效，就越有可能南辕北辙，越来越偏离正确的目标。教育的方向很大程度上决定了我们对于方法的选择、使用和创造。假如我们要为专制社会培养奴才，那什么样的内容和方式最好呢？一大堆的清规戒律，各种各样的条条框框，没有内在逻辑联系的，知其然而不知其所以然的、没有质疑、没有探索空间的、脱离儿童生活实际经验的、枯燥无味的、阴森晦涩的内容最好；用呆读死记、简单重复、机械训练、强制纪律，用轻蔑、无情打击和严厉惩罚摧毁他的自尊心，泯灭他的自信心，你准能培养出一个俯首帖耳、唯命是从、仰人鼻息、自轻自贱的奴才。假如你要培养出一个幸福生活的创造者，自由社会的建设者，你就需要带给他那些充满自由、民主、人权和科学的精神内容，有巨大的质疑、探索、修正、丰富和补充空间的内容，与儿童的生活息息相关的内容，有内在联系的内容，能激起儿童学习的内在兴趣和需要的内容，更多的用探索学习、发现学习、合作学习的方法，带给他们更多的成功体验和发现的快乐，把所有学习都提升到自主学习的高度——能够自我导向、自我激励和自我监控，我们才有可能培养出具有“自尊自重之意识，是非判断之智识，责任担当之能力、独立自主之品格”的幸福人生的创造者和民主社会的建设者。

我相信，每个教师都不是怀揣为未来社会培养一群“奴才”的愿望的，那我们应该采取什么内容，使用什么样的方式培养孩子，我想：尽可能的让孩子活得快乐些是我们教育是否正确的要义。

我国教育长期存在“苦乐”之争，学习究竟是苦还是乐的争辩从来就没有停息过，我认为在现在这个时代，这样一个物质极大丰富的时代，我校学生的生存问题已经解决的状况下，主张乐学是有道理的。我很赞同愉快教育的一些观点和做法：

人的心理过程主要包括认知过程和情意过程。认知过程即是对信息的选择和加工的过程。而人的情绪和情感能促进或阻止人的认知过程。在良好情绪的状态下，人的认知过程所表现出来的特征是：思维敏捷、解决问题迅速；而心境郁闷消极时，则思维凝阻，操作迟缓，不能创造性地解决问题。这是“愉快教育”的心理学基础。

脑科学的研究表明：大脑在完成一个特定任务时；只有一个半球产生优势兴奋中心。在教育过程中，如果只有抽象的、概念式的教育，而缺乏形象生动的情感教育，影响儿童大脑右半球的激活与兴奋，那么必然会压抑、甚至损伤儿童创造才能的发挥。因此，在“愉快教育”的实施过程中，采取情境教学的手段是使学生学得生动活泼的一个很好的重要途径。

当人的情绪体验是积极的、愉快的时候，脑垂体就会使内分泌系统积极活动，肾上腺加速分体，血糖增加，新陈代谢过程加快，整个神经系统的兴奋水平增强，由此使大脑皮层形成优势兴奋中心，人的情绪处于积极状态，反应灵活，学习和工作的效率较高。可见，愉快教育的实施有利于教师与学生以愉快的心情投入到教与学之中，从而提高教学的质量与效率。

最近英国剑桥大学最新公布的对数千名英国人生活状况的长期

跟踪结果，那些在十几岁时快乐指数较高、朋友较多的孩子，长大成人后对自己的事业更有信心，拥有更多的个人爱好，社交生活也更丰富多彩。此外这些孩子也更少受到精神疾病的影响。

我相信，当我们每个教师静下心来思考教育的问题时，都会同意以上这些观点和做法，因为我们自己做学生时也是这样盼望的，因为我们自己的人生经验也在质疑"吃得苦中苦，方为人上人"的正确性，还因为我们自己的教育生涯有着太多的实践案例作为佐证。

这封信中学生反映的是不是事实，我是不会去查的，今天写这封信就是要与大家达成一种共识，表达我的一种愿望：我们有责任让孩子快乐些。我想这位老师是认识出现了问题，也许他是把成功（班级间的各种比赛成绩）作为了最高价值来追求，可我想告诉这位教师：比成功更重要的是快乐，快乐是一种体验，体验是任何人代替比不了的，让孩子从小体验快乐，成为乐观主义者，这比成功更重要。何况快乐者更容易成功，不快乐成功了也没有意义。为了让这个责任变成所有教师的自觉行动，从这周开始，学校每月的师德师风调查问卷将增加班级学生快乐指数的测评。

"尽可能地让学生快乐"。这一要求看上去都是为学生设想的，其实我更主张这种要求也是为我们全体教师的幸福考虑的。岂不说现在各地发生的因学生恨教师而产生的极端例子，就拿作为一个正常人的情感需求来说，我们也是要这样做的，因为快乐是可以传染的，只有学生快乐了，我们才会获得更多的快乐。从教育学的规律来看，当我们教师更多的感受到学生的昏昏欲睡、冷漠与迟钝，久而久之教师的内心也会变得麻木和苍白；教学就会成为无聊的劳役、机械的应付，学生教师之间逐渐开始虚假的相互敷衍。重温我们情趣教育的目标之一：构建情趣校园——让学校成为让师生留恋的地方。

我们的实施方案上写着：情趣教育就是要使北小变得更有吸引力，成为师生舒展心灵，放飞想象的处所。我们理想中的学生精神状态：孩子蹦蹦跳跳来上学，两眼发亮爱学习，高高兴兴回家去。

正视眼下的学校现状，正可谓是“路漫漫其修远兮”。我们共同努力，如何？

亲爱的老师，你的孩子们快乐吗？你快乐吗？

科研就像吃苦瓜

亲爱的老师:

在这寒冷的冬天,您还好吧！愿你心暖如花！

这封信里我想和大家探讨关于科研的问题。我第一次接触科研是1999年的春季,当时,我是学校课题"以艺术教育为突破口,全面实施素质教育"的研究成员。云里雾里,不明就里中混过去好几年,也没弄懂什么是科研,为什么要搞科研。2002年我当副校长时才真正开始关于科研方面知识的学习,那也不是主动的,只不过是为了完成"九五"课题的结题工作要求囫囵吞枣而已！2006年我当校长后也逼着部分教师搞科研,拿了一些奖项,但是我们绝大多数老师还处在被科研状态;通过学习,我了解到我校的科研历程在全国基础教育科研领域的发展保持了基本同步态势,这让我对学校下一步科研方向充满了信心。

据我的经验来看,科研确实是个好东西,但接受好东西是需要一个过程的,她就像一种最耐人寻味的食物——苦瓜！小时候我不会吃苦瓜,无论父母怎么夸奖它的若干好处,周围人怎么吃得津津有味,我就是不吃。也不知是什么时候,居然学会了吃苦瓜,一发不可收拾地爱上了它,直到现在对它也是乐"吃"不疲。伴随那淡淡的苦味,悠悠的苦味升腾起的口舌生香,神清气爽的感觉非善于品尝者不能体会这份幸福。口福之余苦瓜给身体带来的若干好处更是让我们感激造物主之恩赐！

下面我主要谈谈为什么要科研？为什么要写作？

不知道大家有没有发现一个现象：我们有的老师书教得好，但好像停驻在了一个点上，工作只是不停地循环往复，没有更进一步的发展，出现所谓的“高原现象”；有很多老师教学效果不好，多数时候都处于垫底的状况，苦闷地被禁锢在了一个圈里，低水平重复的现象难以突破。

这是为什么呢？核心原因就一个：不会思考。既缺乏思考的意识和动力，又缺乏思考的方法和能力。因为不会思考，教学效果好的老师不能解释好的理由；因为不会思考，教学效果不好的老师不能解释不好的原因。原因不明，不知其所以然，只能“跟着感觉走”，能有好的结果吗？

思考力对一个人来说太重要了，尤其对于教师这样一个担负着“传道、授业、解惑”重要使命的智者。思考力强，则专业能力强；思考力弱，则专业能力弱。拥有了思考力就拥有了后续发展能力，拥有了思考力就拥有了“事半功倍”的条件和可能。

而科研，正是培养思考力的最佳途径。

我们有很多老师怕科研。一说到科研，有一部分老师就连连摆手：“你别找我！你别找我！”老师们认为，科研是专家、学者、教授们的事；或者，是部分“聪明”老师的事。一般老师，岂能把它搞好？

这也难怪大家。因为我们主要从事教育实践而不是理论研究，也没有经过专业的科研培训和学习。但很多时候采用了高等院校、科研院所的专家教授采用的经典的、经院式教育研究方式。结果是研究累得要死，成果少得要命，种了别人的地，荒了自己的田。

其实，我们有一个认识上的误区：科研就等于课题。这是对科研的窄化理解，是不准确的，我们需要对科研进行重新认识。

“科研”，按拆字法来解，科学地研究。按词典里的解释，“科学”就是合符规律，“研究”就是探求事物的真相、性质、规律。连起来讲，“科研”就是遵循规律去探寻事物的真相、性质、规律。用大白话来说，科研就是科学地研究，科学地思考。做课题是进行科研的一种重要形式，课题是科研，但能不能说科研就是课题？不能！逆命题不成立。科研不仅仅是做课题，教师的自我反思是科研，教师的群体研讨也是科研，只要是科学的思考、科学的研究，就是科研。

我们可以作一个推论：你的研究和思考越符合科学，你的思考力就越强。科研经常在符合规律地思考。进一步推论：科研是培养思考力的最好载体。

我们可以把科研的功能作这样的定位：科研就是为了提高自己的思考力。思考力是我们进行科研的“主产品”。至于研究出的成果等，则作为科研的“副产品”。当然，主产品好了，副产品还能差吗？

老师们，科研其实并没有我们想象中的那么复杂。教育科研就是用科学的方法研究我们的教育教学问题，其核心是“发现问题，解决问题”。很简单，就是发现了问题，然后我们去分析这个问题，提出解决这个问题的办法，再去验证这个办法是否有效，最后总结出解决问题的办法。这个办法就是研究成果。这对每一个教师来说，都不是什么难事，很容易操作。只要你长期这样去做，一段时间以后，自然就会形成“以问题为中心展开思考”的思考习惯，思考力自然会提升。

研究是离不开写作的。因此，请重视写作吧！有的老师不重视写作，他们说，“写论文有什么用？我把我的学生教好就行了”。写论文到底有没有用？如果说写出来的那个东西，它可能真的没有什么用。但是，写论文最大的一个好处，就是训练我们的思维，提升我们的思维品质。为什么这样说？因为思考一般有两种方式：一种是在做事中思考，另一种是在写作中思考。在平常的工作中，我们每天都在思考，但这种思考是零散的、肤浅的、无序的。而通过写作去思考，就会变得系统、深刻、有序。为什么在正规的场合发言，要写个发言稿，就是为了帮自己理清思路。随便哪个老师上公开课，他的教案都是改了又改，也是这个道理。

亲爱的老师，一个哲人曾说过：“没有经过审视的生活不值得过！”没有审视过的教育又怎能送给学生呢！我们从今天起学习把追根问底的科学调查方法和客观寻求真理的推理方法结合起来，开始我们的“苦瓜式”科研吧，坚持研究，坚持写作。坚持下去，你的思维模式就能够得到改变，你的思维品质就能够得到提升。进而改变的，就是你的工作方式，你能够聪明地工作，快乐地工作。而且，工作的结果一定不会差。那时，你会由衷地说：科研，真好！

祝你早早爱上这“苦瓜”，开始科研的旅行！

老师，我们有良知吗？

尊敬的老师：

您好！

今天我在网上看到一则博文，文章内容是讲作者对教师的不满和质问。文章内容大致如下：

我孩子的班级老师在家里为学生收费补课，还经常收受家长礼金，我没有给教师送礼，孩子也没有到他那儿补课，于是受到了不公正的待遇，其他几个家长也有同感，敬请校长关注。

我的孩子是个小女孩，很懂事、很阳光、很爱笑，学习在班里也是中上等，应该说她的校园生活是快乐的，是令她向往的。但是，孩子一次突然的行为让我们不知所措，孩子厌学了……不再阳光了……放学接她时也总是一脸愁容……在一次次追问下孩子哭着道出了事情的原委……

那是全校高年级同学授予新少先队员红领巾的活动，老师之前要求全班同学穿校服，没穿的就不能参加。我的孩子早早就准备好了，本以为一切按照老师安排的做了就可以参加这一次光荣的活动，可是没想到老师硬是没让我的孩子参加，陪她的还有几个没穿校服的！临走时同学们经过她的座位时都用异样的眼光看着她，当时女儿含着委屈的泪水等到了放学。此后类似的事情就接踵而至了。

据我知道的情况，凡是没有送礼，没有在他那儿补课的孩子都会低人一等，受到不公正的待遇。难道我错了么，每天我们都一再叮嘱孩子要感恩老师，尊敬老师，帮助同学，团结同学。告诉她每一件事老师所做的都有她的原因，我们要学会给别人机会，哪怕委屈了自己。孩子哪懂这之间的原因。我也无数次觉得自己难以忍受了，想找老师和校长谈谈。想问问老师，但我没做而是忍耐下来，觉得总有一天老师会改变，因为老师应有这种责任心。如果教师最基本做人的良知都已经泯灭，还怎么做老师，还怎么为人师表。

读完博文，我久久难以平复心情，特别是他信中提到的“做人的良知都泯灭了，还怎么做教师，还怎么为人师表?”这句话电闪雷鸣般震撼着我，拷问着我。借此书信，试图将此拷问变成我们大家的灵魂拷问：老师，我们有良知吗?

在《孟子·告子上》：“虽存乎人者，岂无仁义之心哉？其所以放其良心者，亦犹斧斤之於木也。”朱熹集注：“良心者，本然之善心。即所谓仁义之心也。”本谓天然的善良心性。巴金《灭亡》四九：“但是她一旦离开了他，特别在夜深人静的时候，他便感觉到剧烈的良心上的痛悔。”这里多指内心对是非、善恶的正确认识。以上这些都告诉我们良心从唯心主义的立场来看，良知是人类不学而知的，不学而能的，先天具有的判断是非善恶的本能。

在汉语词典里对良心的解释为：个人内心的是非感；对自己行为、意图或性格的好坏的认识；同时具有一种做好人好事的责任感，常被认为能引起对于做坏事的内疚和悔恨。孔孟之道告诉我们：人无羞耻之心不是人，人无恻隐之心不是人。

如果博文所写内容是事实的话，作为教师我是不齿于这类老师的所作所为的，因为我们至少应该坚持一个底线：君子爱财，取之有道；无论如何，不能以牺牲学生的健康心态，牺牲自己的职业尊严来换取那么一点蝇头小利的；作为校长，我有责任提醒大家，我们要时刻警醒自己，用“教师的职业良知”这个家长的话来鞭策自己，做一个受人尊敬的老师！无论这个时代如何风云变化，我们毕竟是教师，是未来的缔造者，我们应该时常反思自己是不是更像人，是不是比一般人更善良，更追求公道？

愿我们永远做有良知的教师！

老师，请做学生生命中的贵人

亲爱的老师：

“没有爱就没有教育”，这是我们每个教师都懂得的道理。据我的经验来看，教师爱那些成绩好，样子漂亮的学生不难，要我们爱那些样子丑陋，行为邋遢，成绩差的学生就难了。理智告诉我们，他们往往更需要我们的爱，这爱如雪中送炭，尤其显出他的价值。我们在人生的某个转折点时经常盼望着“贵人相助”，贵人就是能够给予我们希望，给予我们帮助，让我们感激一生的人。我们每个人一生中都可能遇到人生中的贵人，他们总是让我们心存感激，感受到人际之间的美好和温暖！作为教师，我们是否要思考一下如何当孩子生命中的贵人呢？

北师大学习期间，聆听了陈锁明教授讲的一个师生之间的故事，让我久久难以忘怀，今天我与大家分享，希望我们能够将爱之阳光洒向那些暂时看上去不那么可爱的孩子们！许多年前，汤普逊老师对他五年级的学生们撒了一个谎，他说他会平等地对待每一个孩子。但这是不可能的，因为前排坐着泰迪·斯塔特——一个邋遢，上课不专心的小男孩。事实上，汤普逊老师很喜欢用粗红笔在泰迪的考卷上画大大的叉，然后在最上排写上“不及格”。

某一天，汤普逊老师检视每个学生以前的学习记录表，他意外的发现泰迪之前的教师给的评语十分惊人，一年级老师写道：“泰迪是个聪明的孩子，永远面带笑容，他的作业很整洁，很有礼貌，他让周围的人很快乐。”

二年级的老师说：“泰迪很优秀，很受同学欢迎，但他的母亲罹患绝症，他很担心，家庭生活一定不好过。”

三年级老师：“母亲过世，泰迪一定不好过，他很努力表现，但是他父亲总是不在意，若再不能改善，他的家庭生活将严重打击泰迪。”

四年级老师：“泰迪开始退缩，对什么事都提不起兴趣，没有什么朋友，有时在课堂上睡觉。”

直到现在，汤普逊老师才了解泰迪的困难，她深感羞愧。而当她收到泰迪送的圣诞礼物——别人的礼物都用缎带及包装纸装饰得漂漂亮亮，泰迪送的礼物却是用杂货店的牛皮纸袋捆起来——汤普逊老师更觉得难过！

汤普逊老师忍着心酸，当着全班的面拆开泰迪的礼物，有的孩子开始嘲笑泰迪送的圣诞礼物：一条假的钻石手环，上面还缺了几个宝石，另外是一罐只剩四分之一的香水。但汤普逊老师不但惊呼漂亮，还带上手环，并喷了一些香水在手腕上，其他的小朋友都愣住了。

放学后，泰迪留下来对汤普逊老师说：“老师，今天你闻起来好像我的妈咪喔！”一等泰迪回家，汤普逊老师整整哭了一个小时，就在那一天，汤普逊老师不再教书：不教阅读，不教写作，不教数学，相反的，他开始“教育孩童”。

汤普逊老师开始特别关注泰迪，而泰迪的心似乎重新活了过来，汤普逊老师越鼓励泰迪，泰迪的进步越快，到了学年尾声，泰迪已经成为班上最聪明的孩子之一。虽然汤普逊老师说，她会平等的对待每一个孩子，但是泰迪却是汤普逊老师心中最喜欢的学生。

一年后，汤普逊老师在门边发现了一张纸条，是泰迪写来的，泰迪说：汤普逊老师是他一生中遇到的最棒的老师！

六年过去了，汤普逊老师又发现了另一张纸条，泰迪已经高中毕业，成绩全班第三名，而汤普逊老师仍然是他一生中遇到的最棒的老师！

四年后，汤普逊老师又收到一封信，泰迪说有时候学校生活并不顺利，但他仍然坚持下去，而不久的将来他将获得荣誉学位毕业！他再一次告诉汤普逊老师，她仍然是他这辈子遇到的最棒的老师！

四年过去了，又来了一封信，信里面告诉汤普逊老师，泰迪大学毕业后决定继续攻读更高的学位，他也不忘再说一次，汤普逊老师还是他这一生中遇到的最棒的老师，而这封信的结尾多了几个字：【泰迪·斯塔特博士】

该年春天又来了一封信，泰迪说他遇到了生命中的女孩，马上就要结婚了，泰迪解释说他的父亲几年前过世了，他希望汤普逊老师可以参加他的婚礼并坐上属于新郎"母亲"的位置，汤普逊老师完成了泰迪的心愿。

但你知道吗？汤普逊老师竟然戴着当年泰迪送的假钻石手环，还喷了同一瓶香水，是泰迪母亲过世前最后的一个圣诞节用过的香水。

他们互相拥抱，斯塔特博士悄悄在耳边告诉老师："老师，谢谢你相信我，谢谢你让我觉得自己很重要，让我相信自己有能力去改变。"

汤普逊老师热泪满盈的告诉泰迪："泰迪，你错了！是你教导我，让我相信我有能力去改变，一直到遇见你，我才知道该怎样教书！"

分享完这个故事，我想大家会同意我的一个观点：遇到人生中的贵人时，要记得好好感激，因为他是我们人生的转折点！同时，我们也要思考如何当孩子生命中的贵人！

趁热打铁的联想

——关于教育契机的寻找

尊敬的老师们:

今天上午十一点,学校运动会结束,各班回教室,广播室里严老师通知,各班到教室总结运动会情况,我开始巡视校园,发现部分班级老师要求学生做作业,个别班级班主任不在教室,而由学科课教师在上科学、数学等。

走至孙老师的五·五班教室外,看见孙老师戴着白色的运动帽子,神采飞扬地给学生对话,回忆从开幕式到整个比赛的过程,形象地比划着同学们齐心协力赢得拔河比赛第一名的情形。根据黑板上的板书,看出他们是在准备写有关运动会的作文。

走到李老师的六·三班教室,看到的情形与五·五班的大致一样,也在回味运动会并准备写相关作文。随后我又来到周庆秋的六·七班,看见学生正在以三或四人小组的形式低声而热烈地讨论着问题,周老师正在巡视。问她才知道,他们讨论的话题就是,这次运动会印象深刻的事。

边巡视边思考着很多教育问题,也油然而生许多感慨。对于有些问题我一下找不到答案,对于有些问题却是豁然开朗。感慨最多的总是那么几个方面:教师的方法太重要,教师的师德太重要。

今天我找到了一个问题的答案,那就是为什么总给人大大咧咧的印象的孙勇，他的班级总是有好的班级管理效果，总是能获得好的成绩呢？赵健老师在退休前给我谈起过，据他跟孙勇搭班时的观察：他有独特的管理班级、训练学生的技巧，但又实在总结不出来，只停留在印象层面。赵健老师还满含忧虑地说，有些班级班主任管理实在成问题，给人的总体印象就是乱，教师自己是昏的，学生也是昏的。曾经一段时间还有教师谈起，孙勇运气好总是接到或分到好的学生。运气好只能是一时的，不可能他每一届都好吧。今天这个答案有点露头了：主动寻找教育的契机。

第一时间、尽可能充分地利用教育契机，这是教育学上很重要的一个命题，也是造成教师能力差异继而产生班级差异的主要原因。我简单形象地概括为：趁热打铁。我推测今天巡视看到的现象是孙勇班级管理成功的一个因素。首先她重视这次运动会，主动地把运动会纳入班级集体精神的建构之中。他和孩子们共同喊出了特别带劲的有节奏的响亮口号，拔河赛前他就交给学生取得成功的办法，胜利后他不掩饰自己的快乐和孩子们一起开怀大笑，荣辱与共、喜忧共享的团队氛围于是就在此形成。运动会完后及时总结、评比、作文，这又是何等聪明的资源利用，效率自然提升。试想，下周再来评比总结，以后作文时再写今天的运动会的效果是怎样？特别是与学生刚刚经历激烈的运动会，马上就叫他做数学题的效果相比较，教育的效能自然不言而喻！

教育是一项非常封闭的活动，班级之间的差异往往集中体现在教师特别是班主任的教育技术技艺之中，这是一个非常内隐、非常漫长的积淀过程。真可谓：运用之妙，存乎一心。这就是为什么我校有许多优秀的班主任班级工作搞得很好，可叫他告诉别人经验时他总是说就是那样做的，却说不出原因。就像所有人都可能熟读兵书三十六计，可一到战场，能取胜者寥寥无几一样的道理。作为行政管理人员有责任发现并总结这些优秀的经验，并将之总结提炼，科研室要帮助教师学会科学的总结经验并辅之以理论的科学解释，上升成我们代代相传的、帮助他人的成果。

亲爱的老师，你有一双善于捕捉教育契机的眼睛吗？

关于信仰

亲爱的老师们：

北京回来后，有很多教师要我讲讲自己培训的最大收获。时间过去一段时间了，逐步拟出了头绪，我准备用“关于信仰”“超越无奈，有所作为”回答大家。今天先谈“关于信仰”。

经常听见这样的话：现在的中国人没信仰；这是个信仰迷失的时代；现在的年轻人是信仰垮掉的一代。无论哪一种议论，其中都包含了教育人有无信仰的问题，甚至都或多或少地映射出对教育的质疑，质疑中隐含着“没有信仰的教育人怎么能带出有信仰的学生”的逻辑。

社会上很多不同层次的人在追寻信仰。白岩松在他的《幸福了吗》一书中提到：为了让自己安宁，也让周围的人被感染，为了幸福，要在未来十年寻找信仰。我侄女在加拿大留学，她不满二十岁时加入了基督教，她说很多出国的人也加入基督教。在广阔的农村也到处可以看到基督传道的场所和情境。

教育人对信仰的渴望不亚于任何一个社会人，追寻信仰的脚步也从来未停止。在一次全省灾后重建校长培训班上，青羊区一位著名的校长满含热泪的描述了他去西藏时看见很多藏民千里迢迢、风餐露宿、一步一长跪地到达圣城拉萨时的情境，接着她向几百个校长说出了他关于信仰的追问：“我们的教育何时能够像宗教那样具有震撼力，感召力，凝聚力？”

寻根到底的习惯推着我去寻找关于信仰问题的答案：什么是信仰？信仰是不是只关乎宗教？我们教育人应该持什么样的信仰？

现代汉语词典里这样解释：信仰指的是对某人或某种主张、主义、宗教极度相信和尊敬，拿来作为自己行动的榜样或指南。“老子”的研究专家和政治学者鄢圣华一语道破：信仰就是一个不懈追求的目标，是一个人的精神归宿。

鄢圣华老师认为信仰分为宗教信仰，政治信仰。《中国人的信仰》一书中指出，中国人一直有信仰，中国人的信仰也没问题：中国人信仰仁爱、和谐、真诚；中国人现在要做的是，复兴我们传统信仰，通过漫长而温柔的呵护过程用“仁爱、和谐、真诚”构建中国人的精神家园。

信仰是教育的天然元素。那我们教育人应该有什么样的信仰？笔者认为，教育人应该信仰“真善美”！

这个答案来自于我们大家的亲身实践。我国古往今来讲究文以载道，翻开任何一本教材，任何一篇课文，都可以间接或直接体会关于真善美信仰的引导、浸润；关于描绘真善美的课文上了很多次，每次重新上时自己和学生还是会感动得泪眼模糊。我校朱月老师在一次公开课上执教《秋天的怀念》时控制不住情感，当场嚎啕大哭，全场学生和听课者都痛哭流涕，激动不已；那堂课比我见过的任何宗教仪式对人心的洗礼更加充满人性和美感；现实中，能够成为优秀教师者往往都具有真善美信仰的人格力量，他们追求真理，正直善良，修养高洁，言谈举止充满魅力。

这个信仰源于一种理性的判断，只要有十几年教龄的老师肯定和我有相同的共识：当我们觉得这个世界是美好的，那它在很大层度上折射出我们内心世界的美好；当我们觉得世界是丑陋的，他便在很大层度上折射出我们内心的阴暗。

信仰真善美,我们就会作人性本善的教育价值预设,这样我们的教育途径就会是激活、唤醒等方式来发掘、弘扬人潜能中积极的、美好的、建设性的、善良的因素;反观我们的现实,凡是那些对学生采取压抑性统治、不信任、军队般控制,监狱般警戒的学校、教师、校长内心深处是做"人性本恶"的价值预设的,当然也就谈不上信仰真善美了。信仰真善美,我们才肯对教育作乐观与光明的期待,才能确立起对人的信心,对教育的信心,我们才会有平和的心态;当遇到困难和挫折时,才不至于气急败坏、暴跳如雷,才可能真正拥有教育者的胸襟和怀抱。

信仰真善美,我们才能引导受教育者营造明丽的内心生活,建构坚实、光明、丰富的精神世界,引导他们的心灵对人生的意义价值作深切的体认,对世俗功利和有限性的超越,唤醒、弘扬、提升人性深处对正义与光明的期待。

我这儿关于教育人"真善美"的信仰和《中国人的信仰》一书中关于中国人信仰"仁爱、和谐、真诚"一脉相承,价值指向一致。真善美的信仰其实一直都在我们我们心中,只不过,岁月的风尘,社会转型的喧嚣偶尔让我们忘了倾听自己心灵的声音:静心,潜心就有诗意的栖居,天堂就在自己的内心。

真善美是我们教育人应该秉持的信仰;"求真、向善、尚美"就是我们的教义;我们每天课堂的感染力可以胜过任何宗教仪式;我们不屈不挠的努力可以感召任何顽劣的学生;我们明净、纯粹、温柔的心灵对学生的照耀不会亚于宗教里神的光芒……

我们来自何方,又要奔向哪里?我们从上一代人手中继承真善美的信仰,又在我们这代人手中弘扬,传递给下一代,至于我们传递的方式可以用一首歌来代替,它的歌名就是《长大后我就成了你》。

超越无奈　有所作为

尊敬的老师：

今天我将以此回答我两度赴北京学习的收获之二。

《校长》杂志 2009 年第 8 期李丰池、许多撰文“一代人在流浪——来自校园内外的新闻调查”分别以杀人与自杀的孩子们、有病有罪的孩子们；老师苦，中国人不知道，老师贪，学生们都知道；校长官僚化、老板化、家长化、全能化为小标题揭示了教育现实存在的巨大问题，提出了尖锐的批评，客观真实地描述了校长们的无奈迷茫和痛苦。

教育改革举步维艰、校长们很无奈。《读者》2011 年第 8 期刊登“做虎妈还是兔妈”的文章中，华南师范大学附属中学校长吴颖民向记者坦承：“我们都知道美国那种宽松、自由的教育是好的，但我们做不到，教育资源不配套，障碍太多，万一升学率不好，位子不保不说，还对不起家长！”教育学者熊丙奇说：“造成今天教育理念的与其说是传统，不如说是我们的教育制度，就业制度、社会保障制度。”

社会这种对教育不信任情绪的盲目程度我不会去考究；也不去核查各种新闻调查报道的数据是否真实。我相信人们会越来越理性，情绪会越来越平和，判断会越来越科学，教育人从来就是虚怀若谷，正视批评意见的。我在这儿要表达的是我们教育人不能被这种无奈情绪所打倒，不能变成这种无奈情绪的俘虏，更不能动不动以“体制不活”为自己的无所作为找借口。

《校长》2009 年第 9 期的卷首李斌这样勉励校长要有所作为：

校长“居于人间之首”,认识和承认这一点需要勇气。既然我们“居于人间之首”,我们就应清晰自己的价值与使命:超越无奈,有所作为,还教育晴朗的天空,芬芳的风气。我们也知道,作为学校的舵手,我们掌握学校前行的方向,我们具有难以估计的巨大力量。国家课改中心主任刘坚一针见血地指出突破高考瓶颈的路径只有两条:学生主动了,效果不会差;过程好了,结果会更好。“二十年前,某北方名校在教育界还是默默无闻,校长带领教师发愤图强,‘时间 + 汗水’的拼搏,仅一年,就使高考成绩突飞猛进,上下皆欢欣鼓舞。但在校长会上,校长吐露真言:‘各位,明年不能这样干了,一年下来,我已累得胃出血,长此以往,恐怕你们也顶不住了。’以后,学校完全根据教育规律,真心实意抓德育,踏踏实实搞教研,给学生终身难忘的教育,渐渐地走上了良性循环的道路,现在在全国声名鹊起。”这是《人民教育》2011 年第 6 期刊登《呼唤教育理性》一文中白宏太记者的话,它可以证明我们完全可以超越无奈,有所作为,有大作为。

我们怎么能够低估自己的力量,沮丧、无奈地做悲观的仆人。记得我儿子高中时听了他的校长在会上号召学生要有“生活艰苦、学习刻苦,心里能承受痛苦”三苦精神追求后,我儿子每天口念三苦精神,坚持长跑,锻炼意志,后来高考成绩好了,身体也锻炼好了。我还记得一天我在全校大会上说聂耳的家乡有“聂耳节”,节日这天聂耳家乡玉溪市的学生放假庆祝,后来很多教师反映学生作文中都表达了要成为“成都聂耳”,为家乡争光的愿望。

仅仅为了学生这份单纯、信任,我们也要牢牢记住“有所作为”的誓言,每天就会有所发现、有所创造;有所影响、有所改变;有所提升、有所发展;让教育的阴霾在我们奋斗的汗水里遁形,教育来到灿烂阳光下。

再艰难,我们也要前行,有所作为!

给家长的信

教育需要学校、家庭、社会形成三方合力。当"三方"价值信仰、目标追求一致时，教育的效果将达到最优化。家长是家庭教育的核心力量，正如苏霍姆林斯基所说："教育是唤醒、激励、感染和鼓舞。"如何用我的教育理念，用我对教育的思考和解读感染、激励家长？我又尝试了这样的选择——在《情趣教育》校报上致家长公开信。

千万别和人家比孩子

——写给一年级新生家长的信

尊敬的家长：

您好！

我校曾经召开过很多次家长会，但时常会出现那种彼此羡慕的现象，有趣的是孩子在自己心中的缺点恰恰成了别人心中孩子的优点。一位家长有个读小学一年级的7岁的男孩，活泼好动，让她头疼。没想到这个"缺点"在邻座的家长眼里，竟然是让他们羡慕的优点，她告诉我，这种相互"羡慕"让她触动很大。"其实每个孩子都有自己的个性和色彩，正因为这种差异，这个世界才如此缤纷。活泼的孩子我们嫌他闹，安静的孩子我们嫌他闷，家长有时候也在缘木求鱼。"

家长担忧自家的孩子不够优秀，不够出类拔萃，焦虑"别人家孩子"总比自己的孩子优秀是可以理解的。家长用别人家孩子来激将自己的孩子，拿别人家孩子的长处攻击自家孩子的短处成为最常见现象，这对有些孩子固然有用，但是频繁使用，也可能"退将"，导致孩子气馁，自信心缺失。

心理专家认为，这种现象就是最典型的"心理偏盲心理"，有了这种心理，就像戴了有色眼镜一样，总是对身边的人和事选择性地记忆和评判。最后变得爱攀比，喜欢较劲，凡事爱往坏处想；对身边人的优点视而不见，对生活中的收获熟视无睹。家长总认为别人家的孩子更优秀,别人的成功之路比自己更平坦。

很多教育专家都认为,如果家长多读点心理学,也许就会发现,并不是自家孩子不如别人家的孩子,而是自己心理出现了偏差。今天是你的孩子上学的第一天,感同身受你的期待和激动,如何更加理性、科学地教育孩子,让我们共同学习这些最常见的教育心理学基本原理吧。

心理规律一:罗森塔尔效应

美国著名的心理学家罗森塔尔曾做过这样一个试验:他把一群小白鼠随机地分成两组:A组和B组,并且告诉A组的饲养员说,这一组的老鼠非常聪明;同时又告诉B组的饲养员说他这一组的老鼠智力一般。几个月后,教授对这两组的老鼠进行穿越迷宫的测试,发现A组的老鼠竟然真的比B组的老鼠聪明,它们能够先走出迷宫并找到食物。

于是罗森塔尔教授得到了启发,他想这种效应能不能也发生在人的身上呢?他来到了一所普通中学,在一个班里随便地走了一趟,然后就在学生名单上圈了几个名字,告诉他们的老师说,这几个学生智商很高,很聪明。过了一段时间,教授又来到这所中学,奇迹又发生了,那几个被他选出的学生现在真的成为了班上的佼佼者。

为什么会出现这种现象呢?正是“暗示”这一神奇的魔力在发挥作用。

每个人在生活中都会接受这样或那样的心理暗示,这些暗示有的是积极的,有的是消极的。妈妈是孩子最爱、最信任和最依赖的人,同时也是施加心理暗示的人。如果是长期的消极和不良的心理暗示,就会使孩子的情绪受到影响,严重的甚至会影响其心理健康。相反,如果妈妈对孩子寄予厚望、积极肯定,通过期待的眼神、赞许的笑容、激励的语言来滋润孩子的心田，使孩子更加自尊、自爱、自信、自强，那么，你的期望有多高，孩子未来的成就就会有多大！

心理规律二：超限效应

美国著名作家马克·吐温有一次在教堂听牧师演讲。最初，他觉得牧师讲得很好，使人感动，准备捐款。过了10分钟，牧师还没有讲完，他有些不耐烦了，决定只捐一些零钱。又过了10分钟，牧师还没有讲完，于是他决定1分钱也不捐。等到牧师终于结束了冗长的演讲开始募捐时，马克·吐温由于气愤，不仅未捐钱，还从盘子里偷了2元钱。这种刺激过多过强和作用时间过久而引起心理极不耐烦或反抗的心理现象，被称之为“超限效应”。

超限效应在家庭教育中时常发生。如，当孩子犯错时，父母会一次、两次、三次，甚至四次、五次重复对一件事作同样的批评，使孩子从内疚不安到不耐烦乃至反感讨厌。被“逼急”了，就会出现“我偏要这样”的反抗心理和行为。

可见，妈妈对孩子的批评不能超过限度，应对孩子“犯一次错，只批评一次”。如果非要再次批评，那也不应简单地重复，要换个角度，换种说法。这样，孩子才不会觉得同样的错误被“揪住不放”，厌烦心理、逆反心理也会随之减低。

心理规律三：德西效应

心理学家德西曾讲述了这样一个寓言：有一群孩子在一位老人家门前嬉闹，叫声连天。几天过去，老人难以忍受。于是，他出来给了每个孩子10美分，对他们说：“你们让这儿变得很热闹，我觉得自己年轻了不少，这点钱表示谢意。”孩子们很高兴，第二天仍然来了，一如既往地嬉闹。老人再出来，给了每个孩子5美分。5美分也还可以吧，孩子仍然兴高采烈地走了。第三天，老人只给了每个孩子2

美分，孩子们勃然大怒，“一天才 2 美分，知不知道我们多辛苦！”他们向老人发誓，他们再也不会为他玩了！

在这个寓言中，老人的方法很简单，他将孩子们的内部动机“为自己快乐而玩”变成了外部动机“为得到美分而玩”，而他操纵着美分这个外部因素，所以也操纵了孩子们的行为。

德西效应在生活中时有显现。比如，父母经常会对孩子说：“如果你这次考得 100 分，就奖励你 100 块钱”，“要是你能考进前 5 名，就奖励你一个新玩具”等等。家长们也许没有想到，正是这种不当的奖励机制，将孩子的学习兴趣一点点地消减了。

在学习方面，家长应引导孩子树立远大的理想，增进孩子对学习的情感和兴趣，增加孩子对学习本身的动机，帮助孩子收获学习的乐趣。家长的奖励可以是对学习有帮助的一些东西，如书本、学习器具，而一些与学习无关的奖励，则最好不要。

心理规律四：南风效应

“南风”效应，也称“温暖”效应，源于法国作家拉·封丹写过的一则寓言：北风和南风比威力，看谁能把行人身上的大衣脱掉。北风首先来一个冷风凛凛，寒冷刺骨，结果行人为了抵御北风的侵袭，便把大衣裹得紧紧的。南风则徐徐吹动，顿时风和日丽，行人觉得春暖上身，始而解开纽扣，继而脱掉大衣，南风获得了胜利。

故事中南风之所以能达到目的，就是因为它顺应了人的内在需要。这种因启发自我反省，满足自我需要而产生的心理反应，就是“南风效应”。

由此我们可以知道，家庭教育中采用“棍棒”“恐吓”之类“北风”式教育方法是不可取的。实行温情教育，多点“人情味”式的表扬，培养孩子自觉向上的积极心理，才能达到事半功倍的效果。

心理规律五：木桶效应

“木桶”效应的意思是：一只沿口不齐的木桶，它盛水的多少，不在于木桶上那块最长的木板，而在于木桶上最短的那块木板。

一个孩子学习的学科综合成绩好比一个大木桶，每一门学科成绩都是组成这个大木桶的不可缺少的一块木板。孩子良好学习成绩的稳定形成不能靠某几门学科成绩的突出，而是应该取决于它的整体状况，特别取决于它的某些薄弱环节。因此当发现孩子的某些科目存在不足时，就应及时提醒孩子，让其在这门学科上多花费一些时间，做到“取长补短”。

心理规律六：霍桑效应

美国芝加哥郊外的霍桑工厂是一个制造电话交换机的工厂，有较完善的娱乐设施、医疗制度和养老金制度等，但工人们仍然愤愤不平，生产状况很不理想。后来，心理学专家专门对其进行了一项试验，即用两年时间，专家找工人个别谈话两万余人次，规定在谈话过程中，要耐心倾听工人对厂方的各种意见和不满。

这一谈话试验收到了意想不到的结果：霍桑工厂的产值大幅度提高。

孩子在学习、成长的过程中难免有困惑或者不满，但又不能充分地表达出来。作为母亲，要尽量挤出时间与孩子谈心，并且在谈的过程中，要耐心地引导孩子尽情地说，说出自己生活、学习中的困惑，说出自己对家长、学校、老师、同学等的不满。

孩子在“说”过之后，会有一种发泄式的满足，他们会感到轻松、舒畅。如此，他们在学习中就会更加努力，生活中就会更加自信！

心理规律七：增减效应

人际交往中的“增减效应”是指：任何人都希望对方对自己的喜欢能“不断增加”而不是“不断减少”。比如，许多销售员就是抓住了人们的这种心理，在称货给顾客时总是先抓一小堆放在称盘里，再一点点地添入，而不是先抓一大堆放在称盘里再一点点地拿出。

我们在评价孩子的时候难免将他的缺点和优点都要诉说一番，并常常采用“先褒后贬”的方法。其实，这是一种很不理想的评价方法。在评价孩子的时候，我们不妨运用“增减效应”，比如先说孩子一些无伤尊严的小毛病，然后再恰如其分地给予赞扬。

心理规律八：蝴蝶效应

据研究，南半球一只蝴蝶偶尔扇动翅膀所带起来的微弱气流，由于其他各种因素的掺和，几星期后，竟会变成席卷美国德克萨斯州的一场龙卷风！紊乱学家把这种现象称为“蝴蝶效应”，并作出了理论表述：一个极微小的起因，经过一定的时间及其他因素的参与作用，可以发展成极为巨大和复杂的影响力。

“蝴蝶效应”告诉我们，教育孩子无小事。一句话的表述、一件事的处理，如果是正确和恰当的，可能影响孩子一生；如果是错误和武断的，则可能贻误孩子一生。

心理规律九：贴标签效应

在第二次世界大战期间，美国由于兵力不足，而战争又的确需要一批军人。于是，美国政府就决定组织关在监狱里的犯人上前线战斗。为此，美国政府特派了几个心理学专家对犯人进行战前的训练和动员，并随他们一起到前线作战。

训练期间心理学专家们对他们并不过多地进行说教，而特别强调犯人们每周给自己最亲的人写一封信。信的内容由心理学家统一拟定,叙述的是犯人在狱中的表现是如何地好、如何改过自新等。专家们要求犯人们认真抄写后寄给自己最亲爱的人。三个月后,犯人们开赴前线,专家们要犯人给亲人的信中写自己是如何地服从指挥、如何地勇敢等。结果,这批犯人在战场上的表现比起正规军来毫不逊色,他们在战斗中正如他们信中所说的那样服从指挥、那样勇敢拼搏。后来,心理学家就把这一现象称为"贴标签效应",心理学上也叫暗示效应。

这一心理规律在家庭教育中有着极其重要的作用。例如,如果我们老是对着孩子吼"笨蛋""猪头""怎么这么笨""连这么简单的题目都不会做"等,时间长了,孩子可能就会真的成为我们所说的"笨蛋"。

所以,妈妈必须戒除嘲笑羞辱、责怪抱怨、威胁恐吓等语言,多用激励性语言,对孩子多贴正向的标签。

心理规律十：登门槛效应

日常生活中常有这样一种现象：在你请求别人帮助时,如果一开始就提出较高的要求,很容易遭到拒绝;而如果你先提出较小要求,别人同意后再增加要求的分量,则更容易达到目标,这种现象被心理学家称为"登门槛效应"。

在家庭教育中,我们也可以运用"登门槛效应"。例如,先对孩子提出较低的要求,待他们按照要求做了,予以肯定、表扬乃至奖励,然后逐渐提高要求,从而使孩子乐于无休止地积极奋发向上。

说时容易,做成难！祝愿你对孩子的教育有一个正确的开始,成功的未来！

感谢孩子

尊敬的家长：

每周一早上 8:00 我都会站在校门口，迎接孩子们。当孩子用稚嫩的声音与你告别时，你们的眼神告诉我哪怕就是短短一天，几小时的分别，你心里都充满了不舍、牵挂、怜爱……感同身受着你对孩子无限的爱，他是你们的整个世界、全部的希望，甚至是你们生命的全部意义与价值。为了孩子的成长，乃至一生的幸福，我和我的老师们愿意成为你最有力的同盟，最亲密的朋友，最优秀的助手……

今天，以书信这古老的方式，表达我对您无限的尊敬；也将我对教育的理解与您商榷、探讨。实在是一件再美妙不过的事情，希望你也是这样认为。今天，我表达的主题是"感谢孩子"！

现代作家、哲学家周国平在他的著作《妞妞——一个父亲的札记》的首页上写到：由于你的到来，我这个不信神的人也对神充满了敬意。无论如何，一个亲自迎来天使的人是无法完全否认上帝的存在的，你奇迹般的诞生使我相信生命必定有着一个神圣的来源。他还以"忘恩负义的父母"为题写了这段话：过去常听说，做父母的如何为子女受苦、奉献、牺牲，似乎恩重于山。自己做了父母才知道，受苦同时就是享乐，奉献同时就是收获，牺牲同时就是满足。

所以，如果说恩，那也是相互的，而且，愈有爱心的父母，愈会感到所得远远大于所予。其实，任何做父母的，当他们陶醉于孩子的可爱时，都不会以恩主自居的，一旦以恩主自居，就必定是已经忘记了孩子曾经给予他的巨大快乐，也就是说，忘恩负义。人们总谴责忘恩负义的子女，殊不知天下还有忘恩负义的父母呢！

一个叫苇灯的网友在博客上坚持书写她女儿的成长日记，她女儿是一个先天语言残疾的孩子，五岁了还不会喊爸爸、妈妈。有一天，她在日记中这样写道：有了孩子，才学会了蹲下身子看事物。视角变了，心态也就变了，以前认为那些人人注目的在高处的东西不再重要，邻居有我们没有的私家车，同学有我们没有的大房子，同事有我们没有的职位、灯红酒绿的交际，车水马龙的热闹，这些浮在面上的东西不再吸引我们去搏、去求，而生命的本质的东西开始为我们所重视。我学会了不拿自己和人比，更不拿孩子和人比……亲爱的孩子，对你，我只有感激，感激你教会我那么多珍贵的东西，感激你擦亮了我蒙尘的心和眼。

我校的李小洁老师去年参加成都市青羊区教师公招考试，以第二名的成绩被录用，并迅速成长为所在学校的骨干。她不止一次地告诉我，起初就是为了给孩子一个榜样，她才那样认真地教书，不断争取教学上的突破，为了孩子，反而是成就了自己。假如当初在北街小学不拼命钻研那几年，遇到老公工作变动调到成都，她又考不上成都的公招，那真不知道该怎么办。她说真的要感谢她女儿！

朋友间经常聊到孩子。一个朋友说有一天她身心疲惫，无奈中说出：“我真是不想回家了！”三岁的女儿听了，脸色大变，忙冲上来说：“妈妈，我是爱你的，你不要不回家！”每每和先生发生口角时，女儿总会扑上来，大声说：“我们三个好朋友，相亲相爱不分手！”

还有一位朋友说，小儿的懂事总让她有一种莫名的感动。只要老公一对她凶，儿子就大声对他老爸说：“男人怎么可以欺负女人？

应该保护女人！”每每这样，她老公也就会偃旗息鼓。

……

让我们来做一个假设，如果这世界没有孩子，如果学校没有孩子，如果您没有孩子……我实在不愿做此令人绝望的想象和描绘！

谈到这儿，我相信你会同意我的观点：感谢孩子！除此之外，我还希望您乐于向孩子表达感谢，而且采取正确的方式表达。美国心理学家近日研究发现，能够心存感激，经常说“谢谢”的孩子情商更高。机灵、热情、坚定、细心而且更有活力，这些孩子也更乐于帮助别人。我想你肯定希望孩子成为那样的人，那就从你向孩子正确地表达第一个感谢开始行动吧！

下面我将一个亲子教育专家公布的方法给你，试试吧，看看有啥变化！

做孩子的榜样，如果你不是一个经常感谢他人的人，那么你的孩子也会和你一样。孩子的学习就是一个不断模仿的过程，而模仿的对象往往就是自己的父母。所以，想让孩子成为一个懂得感谢的孩子，那么你也要给他做出榜样，无论什么时候，都别忘了说一声谢谢或者做一些动作，如拥抱等，来表达你感谢的心情。

让孩子体会被人感谢所带来的快乐，让孩子学会感谢最好的办法就是让他从中感受到快乐。比如，你可以让孩子帮你做一件他力所能及的事情，然后真诚地谢谢他，也可以让孩子去帮助他身边可以帮助的人。让孩子在帮助别人，并得到感谢的同时，感受到快乐。如果被帮助的人没有回应，孩子虽然会很失望，但正是这种失望的经历可以用来提醒他下一次，如果有人帮助了他，那么一定要说谢谢。

你可以定一个感谢制度，例如在饭后，全家人可以坐在一起，轮流说说今天最让自己高兴的事情是什么，并感谢参与此事的每一个人。

让孩子也分担一些家务，你可以指派一些孩子力所能及的工作，例如，饭前摆一下碗筷，整理一下自己的玩具，浇一下花等。做完以后，你可以对他表示感谢。要让孩子意识到自己是家里的一分子，意识到他对于家庭的责任，并感谢家人的付出。

等待孩子的变化。我们不能，也不应该要求孩子每次都能在我们给他一个拥抱的时候感激涕零，但我却有理由希望通过点滴的指导和时间，让他慢慢的感受和表达对周围的人和事物，对生活的感激之情。这样，你的孩子和你的家庭会更加的幸福快乐。

看了以上的专家建议有何感想？我校几个教师试过，效果不错！和你一样，作为母亲的我深深知道，成长是一个漫长的过程，在教育孩子的过程中我们有太多的付出，太多的艰辛，太多的委屈，太多的失落……可不管怎样，不能忘却孩子给予我们的快乐和满足；不能忘却是他完善丰满了我们的人生；不能忘却是他催生了我们生命的意义和价值；不能忘却初为人父初为人母时要做他榜样的铮铮誓言……如果我们没有忘却，我们就会感谢，感谢自己的孩子，也感谢别人的孩子，从而感恩这个生生不息的世界…….

行笔之间，总有一种心情想向你倾诉，让我们心手相牵，共为孩子擎起白云蓝天！

顺祝家庭幸福，快乐安康！

信任孩子

尊敬的家长：

您好！

上次我以“谢谢孩子”为题的信刊出后，有家长感谢我，说我改变了他们母子或父子的关系。这给了我巨大的鼓舞，以后我将坚持利用校报将我对教育的真实感悟诉诸笔端，但愿能对你及你的家庭有所帮助。为着“孩子的幸福成长”这个我们共同的目标，我相信我们能成为朋友。这次我谈的主题是：信任孩子。

首先，请和我一起学习著名教育家陶行知的一个教育故事：一次，陶行知看到学生王友用泥块砸同学，当即斥止，令他放学后到校长室。陶行知来到校长室，王友已等在门口准备挨训了。可一见面，陶行知却掏出一块糖给他，并说：“这是奖给你的，因为你准时，我迟到了。”王友惊疑地接过糖果。陶行知又掏出一块糖放到他的手上：“这第二块糖也是奖给你的，因为我不让你再打人时，你立即就停止了。”王友瞪大了眼睛。陶行知又掏出第三块糖：“我调查过了，你用泥块砸那些男生，是因为他们不遵守游戏规则，欺负女生。你砸他们，说明你很正直善良，具有跟坏人做斗争的勇气，应该奖励你啊！”王友感动极了，他流着泪后悔地喊道：“陶校长，你打我两下吧！我错了，我砸的不是坏人，是自己的同学啊……”陶行知满意地笑了，又掏出第四块糖递过来：“为你正确地认识错误，我再奖给你一块糖。只可惜我的糖用完了，我看我们的说话也就完了吧！”这就是教育界流行甚广的陶行知的“四块糖果”的故事。

学了这个故事相信你和我第一次阅读时的感受肯定是一样的：这是一个多么仁爱而智慧的教育家呀！孩子交给他是多么的放心，孩子在他那儿读书又是多么幸福呀。陶行知为什么和一般人的做法不一样呢？全面学习陶行知理论著作后，我知道了答案，那就是他对孩子无限的信任。正如他所说，孩子有着不可思议的力量。他信任孩子有着天然的道德自悟，道德自省，道德自新力量。

我们再来看一个美国的教育故事：美国纽约州第一位黑人州长罗杰·罗尔斯，出生在一个贫民窟。那里环境肮脏，充满暴力，是偷渡者和流浪汉的聚集地。在那里出生的孩子，耳濡目染，从小逃学、打架、偷窃甚至吸毒，长大后很少有人从事体面的职业。但罗杰·罗尔斯是个例外，他不仅考上了大学，而且成了州长。这都是因为小学时校长的信任给了他力量。1961 年皮尔·保罗校长上任，他根据那里的孩子很迷信的特点，通过看手相的办法鼓励学生。他曾对罗尔斯说：“我一看你修长的小拇指就知道，将来你是纽约州的州长。”当时，罗尔斯大吃一惊，因为长这么大，只有他奶奶让他振奋过一次，说他可以成为五吨重的小船的船长。这一次校长说他可以成为纽约州的州长，着实出乎他的意料。他记下了这句话，并且相信了它。从那天起，“纽约州州长”就像一面旗帜，使他衣服不再沾满泥土，说话时也不再夹杂污言秽语。他开始挺直腰杆走路，在以后的 40 多年间，他没有一天不按州长的身份要求自己。51 岁那年，他终于成了州长。在他就职演说中，罗尔斯说：“信念值多少钱？信念不是值钱的，它有时甚至是一个善意的欺骗，然而你一旦坚持下去，它就会迅速提升。”

这个故事又告诉我们什么教育道理呢？信任能产生奇迹。心理学家认为：追求他人的信任是一种积极的心态，是每个正常人的普遍心理,也是一个人奋发进取、积极向上、实现自我价值的内驱力。信任的心理机制对孩子良好心理品质的形成具有积极的鼓励作用。我们蹒跚学步时,是爸爸、妈妈的信任让我们独立行走;第一次骑自行车时,是爸爸妈妈因为信任而放手;考大学时,是爸爸妈妈的信任让我们充满力量。爱迪生的母亲不因为学校的偏见而放弃孩子,达尔文的母亲坚定的信任孩子是个生物学天才……

现实生活中我却非常遗憾地发现一个事实,那就是我们常常不信任孩子。总感觉孩子必须严格管理;孩子有许多事不会做;孩子总是好吃贪玩不愿努力学习。许多孩子和我交谈时说,他们最大的烦恼就是爸妈不信任他们。年级较大的孩子说,爸妈经常偷看他们的日记……于是出现了家长不信任孩子,孩子也就不信任家长的僵局家庭。他们渴望父母的信任。父母的信任意味着关爱、重视和鼓励,这是真正触动他们心灵的动力。从教育效果看,信任是一种富有鼓舞作用的教育方式。

信任孩子不是放任不管。而是一种坚信自己的孩子是独一无二的信念。信任孩子也不是说由着他们胡来。他们在学习生存智慧的过程中仍然需要你的爱护、支持和帮助。然而有了信任,我们就无需控制他们、惩罚他们。信任给予我们耐心,让我们通过一些行之有效的办法,如合作解决问题、坚持到底、家庭会议、多问几个“是什么”“怎么样”和“为什么”来帮助孩子们从错误中学习。信任孩子还意味着把目光放长远一些,要知道孩子现在是这样并不表示他永远都如此……

信任孩子,看看他会给我们什么样的惊喜!

祝你:家庭幸福!

诚实的孩子更成功、更快乐

尊敬的家长：

您好！

又是一个寒假的开始，在这腊梅吐蕊，冰雪待春的季节给您写信沟通倍觉亲切，温馨。这封信里我主要想和您交流一个问题，希望能达成共识：我们共同努力培养孩子诚实的优良品德，因为诚实的孩子更成功、更快乐。

作为成人，我们亲历了现实环境中各种不诚实，不讲信用而得到好处的行为，于是我们也开始不诚信，自认为这样好像少吃亏，少受欺骗，于是我们自认为自己开始走向成熟，不再像小时候那样幼稚、天真了。但我们随着这样的"成熟"而开始郁闷，开始不快乐起来，因为我们发现了一个不用争辩的事实：不诚实的社会是一个丑恶的社会，美好的社会必然是由一个诚实可信的群体努力构建的。在一个丑恶的社会里，作为个体的人获得的快乐，内涵是非常肤浅的，快乐指数也是很低的。近年来苏丹红事件、毒奶粉事件、假药假医生事件络绎不绝，这给我们敲响了隆隆的警钟，这些事件的曝光也告诉我们：真理永存，虚假者必然受到惩罚。在这里我们共同分享两个故事。

2000 年 6 月，一家知名的电视台对世界著名实验物理学家丁肇中先生进行专访。当记者问："我感觉您每一个人生阶段都有明确的选择……一个人怎么能够每一次选择都这么坚定和正确呢?”丁肇中回答:“不知道。可能比较侥幸吧!”记者又追问道:“没有必然么,在这里面?”丁肇中依然回答:“不知道。”记者还是不死心:“怎么能让自己在今天做出的选择,在日后想起来不后悔?”丁肇中依然回答:“我不知道。因为我还没有后悔过。所以我真的不知道。”记者无奈:“我发现在咱们的谈话过程中,您说的最多的一个词就是我不知道。”丁肇中这次做了正面回答:“是!确实这是事实。不知道的,我绝对不能说知道。”

还有一个故事:1988 年 4 月 27 日,美国阿波罗航空公司一架波音 737 客机刚从檀香山起飞,就因意外的爆炸把前舱舱顶掀起一个 $6m^2$ 的大洞,一名空姐被气浪从舱顶抛出窗外,殉职蓝天。

最终,驾驶员经过一番艰辛努力,沉着地把飞机临时降落在附近的一个机场上,89 名乘客和机组其他人员均平安生还。事故一出,航空业的竞争对手便大肆渲染,趁机发难。波音公司在沉重的压力面前并没有对飞机事故进行人为掩盖,而是主动向公众披露,事故是由于飞机太旧和金属疲劳所造成的,而且这架飞机已飞行 20 年之久,起落达九万次之多,大大超过了保险系数,因此,飞机能在严重事故后安全降落,足以证明波音飞机性能与质量的可靠性。公司还进一步说明,新型波音飞机已经解决了金属疲劳的技术难题,购买波音公司的新产品会更加安全。于是,事故之后的波音公司订货量不仅没有下降,反而大幅猛增,仅 1988 年 5 月份的订货量就超过了一季度的两倍。

天有不测风云,当厄运到来时,许多企业手足无措,或闪烁其词,或故意掩盖。所谓祸福相倚,波音公司面对危机以诚相见,不仅没有损害公司形象,反而得到了客户的进一步认可与信赖,其中意义值得深思。

基于上面的两个故事我想不难下这样的判断。“老实是最大的智慧”——这是著名作家铁凝在讲到写作时说过的一句话。她说，做人要老实，为文同样也需要“大老实”，“大老实”是一种返璞归真后的新境界，是一种顶点智慧。我们可以这样说，一个诚实的孩子更可能获得别人给予的更多的机会；一个诚实的孩子心里会更健康、更阳光。一个不诚实的孩子撒了一个谎，他会为此会出十倍、一百倍的代价，乃至用一生去弥补，内心会久久充盈着恐惧与害怕被发现的忐忑和痛苦。为了孩子成功的人生、快乐幸福的人生，我们责无旁贷地培养他们诚实的品德。不能用我们成人世界错误的观点去熏陶孩子，尤其需要小心的是：有时候也许我们无意间、无心作了坏的榜样。

为了系统的培养孩子诚实的优良道德，学校开展了各种各样的教育活动。本周四、五（21 日、22 日）将进行全县统一期末测试，为了让家长了解学校培养学生诚实答卷，诚实为人，懂得“一分耕耘，一分收获”的人生真理的真实做法，学校特别聘请部分家长作为学校的督考员，和监考老师一起见证孩子们诚实的考试过程。如果您有时间，也有参加此项活动的愿望，可以向班主任老师提出申请，下学期可以邀请您参加此类活动。

我们都盼望孩子有一个美好的前程，快乐的人生，而实现这个目标的因素中，“诚实”肯定占有举足轻重的位置。正如康德在《永久和平》一文中指出的那样：“诚实胜过所有的策略。”

衷心祝您和家人：春节快乐、家庭幸福！

好教师是学校与家长共同培养出来的

尊敬的家长：

您好！

非常高兴又一次利用校报这个平台与您进行交流沟通，我相信交流沟通能促进我们的友谊，更能改善我们的教育，而最终得益的是我们北街小学的两千个孩子。但愿在这点上我们能达成共识。

您是不是曾经有过这样的抱怨：老师教育方法不对，教育技艺不高；教师对自己的孩子关注太少；教师不像书上、媒体上介绍的，自己期望的那么好……作为从教二十年的教师，一个和您一样有着孩子的母亲，一个提倡"以父母之心办教育，以父母之心当教师"的校长，我能理解您的心情，体悟您的难处，感同身受您的期望。"我要一个好老师！"这肯定是您的强烈愿望，深情期待和大声呼吁。好老师从哪里来？借用北京市著名特级教师、中关村四小刘彭芝校长的话来回答：好老师是学校和家长共同培养出来的！

作为校长，我非常关注教师对家长的态度和关系的处理，学校评价教师时也专门增加了一项：与家长的合作情况或支持率。而现实的状态是教师对我们的家长也有一些看法。在教师眼里有两种类型的家长是千万要不得的，一种是放任不管，属放养型；一种是关注太切，属揠苗助长型。（陶行知语）北街小学家长素质偏高，不少人有着自己的教育理解，他们往往对孩子的期望偏高，稍不小心就朝"揠苗助长型”发展。这种家长习惯用现代，甚至超现代，如美国等教育对比我们的教师；或者以自己认为正确的理念衡量教师所作所为。其实教育是个后效性很强的行业，现在认为正确的，或部分专家吹捧的，甚至我们世世代代坚持的观点、看法都需要冷静鉴别、仔细辨认，潜心试验才能投放到自己的孩子身上。一些家长往往高估了自己的孩子，因只有一个孩子，没有与其他孩子客观的横向的比较，特别是现在孩子平均智力水平的提高，自己的孩子只有放在班级里才能做出正确的判断。“高估”必然导致两个后果：要么对孩子失望，要么对教师失望。没调整好的家长会产生焦虑情绪导致亲子关系紧张，或与教师关系紧张。还有一些家长是对孩子过度保护或者错误袒护。另外，现在的孩子接收信息广泛、思维活跃，但同时表现出自控力差、辨别力弱、自我认知、偏离等特点，有时候为了避免家长的批评或责罚，难免会用说谎来维护自己，有时候也难免基于自己幼稚的观察和判断来评价教师。这时候家长如果偏听偏信孩子的一面之词，冲动间与教师对立，甚至发生矛盾冲突，是我最不愿意见到，但也时有发生的事，也是家校受损而最不划算的事。

基于以上教师对家长的一些看法，基于平时观察到的教师与家长之间发生的一些不愉快的现象，作为校长我强烈感受到家长与学校共同协作培养好教师的工作的重要性、紧迫性。事实上，我们有那么一些聪明的家长已经行动起来，他们从原来的一味服从学校到抱怨学校，到今天的积极与学校合作，与教师通力配合，他们已经成为教师的补充或教师的好帮手，和教师一起和谐地培养、管理孩子。他们的孩子普遍显得阳光大气，自信自强，学业稳定，后续发展较好。观察他们与教师的合作交流，他们的成功经验简单概括为四个原则。

一、各尽其责原则。孩子在成长过程中，家长和教师的职责要有所区别，只有各尽其责才不至于孩子的教育有所缺失或重复累加，造成该教的没教，有些教育内容在家长、教师间轮番轰炸，孩子不胜其烦，生命承受不该之重，不该之累。

二、肯信任原则。作家张晓风说过这样一句话：“啊，老师，我交给你一个稚嫩活泼的儿童，将来你还给我怎样一个少年……”这是我们每一个父母的心声，她道出来我们无限的担忧，绵长的叹息，折射的是对教育、对教师一定程度的不信任。现在社会上也存在有个别极端的家长不让孩子接受学校教育，自己在家辅导孩子的现象。尊敬的家长，如果我们没有能力，也没有勇气自己在家教孩子，那我们就选择信任学校、信任教师吧，因为只有肯信任，我们的心情才能阳光起来，才能快乐起来。因为您的信任，教师会以加倍的努力来回报您；因为您的信任，孩子会更加听老师的话。教学因信任而美丽、可爱起来的时候，意想不到的收获就会出现。

三、不抱怨原则。我们都明白，天下只有三种事：我的事，他的事，老天的事。美国心理学教授鲍威尔说：抱怨自己的人，应该试着学习接纳自己；抱怨他人的人，应该试着把抱怨转成请求；抱怨老天的人，请试着接受现实并报以良好的期望。从今天起，我们试着不再抱怨老师，积极乐观地与教师沟通交流；不抱怨尤其不在孩子面前抱怨老师，比你教孩子成千上万的名言警句还有效；反之也然，也许是您的一个不经意的眼神，一句话透露了你对教师的不满，肯定孩子立马回报你的就是对这个教师所上的课不再感兴趣，这科成绩的哗哗下降。

四、互助共赢原则。教育家魏书生说，人与人之间最好的关系就是互助共赢的关系。教师与家长，家长与教师关系的和谐度对孩子造成的影响力不亚于家庭中父亲和母亲关系和谐度的作用。可以说家长与教师之间越和谐,孩子成长得越快也越好。我反对教师与家长那种庸俗的破坏教师师德形象的不正确关系,比如教师因为家长送礼而特别关照孩子,因为某孩子家庭富有或父母有权势在处理问题时不公正、不公平、不正直、不正义的势利的教育方式。这样的教师,家长也是强烈谴责的。倡导教师与家长成为可以分享、分担教育成功、失败的朋友,它是一种纯洁的让人感到光明磊落、温暖美好的互助关系。

作为校长,我的一个重大职责就是培养、引领出一群好老师,这需要家长的有力、有效配合和帮助。我希望每个家长或大多数家长都能按照上面四个原则与学校合作,那我们的老师会越来越好,越来越接近大家心中好老师的目标。言语至此,但愿您能同意“好教师是学校和家长共同培养出来的”这个观点。我衷心希望您能和教师真诚沟通、密切合作,促进孩子的进步;衷心希望您少些培养孩子的烦恼,多些与孩子共同成长的快乐;衷心希望您能信任我这个校长,当您感觉没法与教师沟通时,来找我倾诉或投诉,我们共同想办法……

祝您工作愉快,家庭幸福!

成长岂能代替

尊敬的家长：

您好！

草长莺飞三月天，喜看大地满目春。“孩子”不就像这春天，永远给我们希望和美好吗？在此美丽的季节里与您交流关于孩子的成长之事，又是何等美上加美的事情，希望这封信能够得到您的回应。

刚一看题目，您是否会感觉我在说一个不必交流的常识？对！这就是一个人人知晓的常识，不可辩驳的自然现象。当孩子第一次站立，第一次迈步，第一次奔跑，第一次骑车……我们作为父母的那份激动，那份喜悦是怎样的被我们珍视和收藏。而他为了站立、为了奔跑、为了骑车的第一次乃至无数次的跌倒、摔跤、痛哭又是怎样的让我们惊心动魄，心痛连连。但我们都不约而同地一边心痛着，一边鼓励着，乃至逼着他自己一遍遍地摔倒、站立、摔倒、站立……直至心痛到心房快要炸裂时，孩子竟小脸绯红，咧着小嘴，摇摇摆摆地向我们走来——哈！他学会了行走，学会了奔跑，学会了……于是您不禁感叹，成长岂能代替？孩子只有靠自己才能真正长大。

下面，我陈述一些耳闻目睹的画面，您看看家长们是否在代替孩子成长。每周一早晨八点，我站在校门口总会看到很多家长送孩子到学校，他们中总有那么些人要替孩子把所有的东西背上，于是——长辈肩挑背扛，双手推车，小孩子却什么都不拿，无比悠闲；个别家长总是不顾保安劝说，非得把孩子送到教室里，甚至还要为孩子铺好桌布，对孩子再三叮嘱后才离开教室。下午放学了，学校规定三年级以上学生的家长是不能到校门口接孩子的，但每每总能看到少数家长在校门口张望；白天上课期间，总有一些家长到学校，有时送水，有时送笔，有时送孩子忘记拿的书或作业本；晚上孩子做作业，家长总要在旁边陪读：0 给孩子削铅笔、倒水、送水果……孩子一遇到难题就进行滔滔不绝地讲解。特别是部分家长自以为知识水平高，干脆直接告诉孩子答案，个别家长甚至替孩子做作业，剥夺了孩子思考的机会。长此以往，孩子不愿意动脑筋，害怕困难，遇到困难就退缩，遇到困难就坐着等家长来解决的现象越来越严重。孩子的思维越来越懒，越来越笨，随着年级的升高，他们在学习上遇到的障碍就越多，这令我们很多老师感到苦恼，也让很多家长为自己不小心酿成的苦果感到后悔不已。

越俎代庖者总以爱的名义剥夺着孩子自我成长的权利，越俎代庖者于是开始收获着一个又一个的失望和痛苦：我们的孩子小学毕业还不会系鞋带，不会把红领巾漂亮的打结，我们的孩子总是丢三落四，我们的孩子对什么都提不起精神……当你看到这里时是否开始意识到——这些都缘于家长在代替孩子成长呢？我们不断地替孩子做这、做那，日复一日，孩子在这样的环境和氛围中长大，又会有怎样的结果呢？“勤娘惯懒女”，这句俗语是否给了我们一些启示？法国思想家卢梭曾写到：如果一个孩子，想得到什么就得到什么，认为别人都应该为他效劳时，他就以为自己是天下的主人，而当我们某一天不能满足他时，他就会把你的拒绝看成是反叛……当他踏入社会时，就会觉得所有人都在反抗他，这将是教育的悲剧。当我们情不自禁的又要替孩子做事时，请停下来告诉孩子：“这是你自己的事情，你应该对你自己负责。”这就是教育要培养的自主自立精神！我们共同努力，好吗？

关于“自立”精神的培养，大画家郑板桥给了我们最好的榜样。他老年得子但从不溺爱，成就了一个优秀的孩子。他临死时叫小小年纪的孩子自己蒸馒头，并赠送儿子遗言：淌自己的汗，吃自己的饭，自己的事业自己干，靠天靠地靠祖宗，不算是好汉。有自立精神的孩子不仅容易成功，更重要的是，自立自强是孩子获得快乐幸福的不竭源泉。

好了，我想您是同意我的观点的，只是我们经常忘却，因为对孩子的万般柔情让我们总是不由自主！为此，让我们真诚的约定：从今天起，告诉孩子，人只有靠自己才能长大，成长的乐趣就在靠自己做的那一件件小事里。

从今天起，我们给孩子建议，给孩子帮助，给孩子期待，但我们绝不代替。

从今天起，学校门卫开始登记，凡是一学期里让亲人送自己忘带的东西到学校两次的，期末不能评选班级、学校的三好生。

从今天起，凡是家长代替孩子做事，孩子将向校长写信起诉：某某家长剥夺了他成长的权利，试图把他培养成一事无成的废物！

言犹未尽，且待下次再聊。

祝您家庭幸福，与春同乐！

“妈妈，我要不住！”

尊敬的家长：

您好！

非常高兴又能和您探讨教育的话题，每次敲击键盘的心情总是一样，希望借着这方寸之地，我手写我心，与您一起共同思考、共同进步！

这封信的题目源于一个星期天我和朋友们外出玩耍时，一位朋友的孩子说的话。那个孩子整个下午不断地打搅他母亲打牌，他母亲生气地说：“自己一边玩儿去！”只见他埋怨道：“妈妈，我要不住！”当时，我觉得那孩子是那么的可爱、可怜。这引起了我强烈的教育思考：我们应该有什么样的闲暇教育？我们应该教会孩子玩什么？怎么玩？眼见又是一个暑假的闲暇时光，今天我们探讨这个话题，格外富有现实意义！

首先，来看看什么是闲暇？亚里士多得认为：“人惟独在闲暇时才有幸福可言，恰当地利用闲暇是一个做自由人的基础。”哲人们曾说，懂得休闲是一种人生智慧。社会发展的历史表明，人类许多发明创造都与休闲有密切关系。我个人认为，闲暇是生命转换的方式，也是生活多彩的必需。在中小学教育中，闲暇的分配、享用，也是一门学问，我们应该当成一件非常重要的事情来研究。早在 20 世纪上半叶，闲暇教育已在美国等西方国家初显端倪；进入60年代后，闲暇及闲暇教育成为一些发达国家教育研究的热点：1984年世界闲暇与消遣协会在法国巴黎召开“自由时间与闲暇世界”的研究大会，“利用闲暇时间和教育”就是中心议题之一。

据相关资料介绍，目前我国的都市小家庭在闲暇教育中主要存在三个误区：

第一是闲暇的剥夺：家长或教育工作者以学习竞争为由，无视孩子的闲暇需要，许多孩子的业余时间都被无休止的补课所填满，大人以其特权剥夺孩子的闲暇，必然造成他们精神发展的不健全。

第二是闲暇的消极：在一些家长让孩子忙于补习的同时，另一些家长则不知道如何利用闲暇做一些有价值的事情，不会安排闲暇。一些成年人认为，闲暇就是玩耍，就是完全根据自己的意愿去利用或消磨的时间。所以，他们被动地浪费闲暇时间，只顾自己的休息，对孩子则放任自流。许多孩子在双休日或假期百无聊赖，整日守在电视机前；有的沉迷于虚幻的网络世界，打游戏、玩“偷菜”；还有的孩子则是孤独地歪躺在沙发上，两眼发呆，无所事事……

第三是闲暇的成人化：成人闲暇活动与儿童的有本质的不同，成年人喜欢购物、朋友聚会或请客吃饭，为了满足自己的需要，他们有时不顾孩子特殊的需要，迫使儿童从事与自己一样的活动。

我们应该尽量避免以上误区，正确引导孩子的闲暇生活，促进他们全面和谐、健康快乐的发展。下面是我根据专家们的一些观点，结合自己多年做母亲、做教师的经验和教训给大家的建议，希望能够对您有所帮助。

第一，我们要善于克服以成年人为中心来对待闲暇的态度，将闲暇还给孩子。教育者要看到未来的学习竞争、升学的压力，但不要让这种焦虑人为地、过早地浸入儿童的生活，尤其是不要以占用孩子的闲暇时间为代价来提高学习成绩。孩子的发展包括各个方面，如交往能力、认识自我的能力、独立决策的能力，这些能力在未来社会的竞争中并不比掌握一门技能次要。而这些能力的培养只能通过孩子在社会交往和游戏中自发地学习，所以健康积极的闲暇生活也是教育的一部分。有专家指出，若要防止出现高分低能的现象，就要从改变闲暇生活的质量开始。

第二，我们应当培养孩子的闲暇意识。通过闲暇教育，使孩子了解什么是闲暇，知道什么是有意义的闲暇活动，逐步了解闲暇活动对个人成长和发展的价值，了解自己的个性和兴趣如何影响自己的闲暇活动，最终学会主动制定自己的闲暇生活标准和目标，对自己在闲暇活动中的收获有所预期。我校下期将开设一些闲暇指导课，培养儿童闲暇管理的能力。

我们要将闲暇的选择权利交还于孩子，真正还孩子闲暇，大胆让他们自己选择闲暇生活，培养儿童做选择的能力和主动感。不要怕他们疯玩，不要担心他们在户外游戏，这绝不是在浪费时间。只要他们觉得开心至极，整个情感和身心都忘我地投入，并萌发“真是太妙了”“真是一次了不起的经历”等感受，就是有意义的闲暇生活。正如“给孩子 10 只鸟，不如给一把弓，教他学习射鸟”。大人如果一味替孩子选择闲暇生活，儿童就永远学不会主动选择自己的闲暇活动。

第三，我们应当培养儿童的闲暇技能。闲暇应是一个通过自由的时间安排使自己充实，让生活更有意义的过程。家长从小就要培养孩子的审美情趣、对大自然的向往和探秘，对社会的人文关怀。闲暇技能不等同于某一项业余爱好，如弹琴、绘画等，许多儿童掌握了某种技能，但却是以被迫牺牲闲暇时光换来的。因此，我要特别强调——闲暇的特点是主动和自由选择，并在其中感到愉悦和收获，被迫地掌握技能是与闲暇生活的宗旨背道而驰的。我校每年的科技艺术节都要举行学生特长比赛，您可以以此激励孩子，让他利用闲暇充分做好参赛准备。

第四是培养交往技能。只有在不断地与人交流中才能培养孩子的交往技能，而闲暇生活正好给孩子的人际交往提供了契机。在闲暇教育中，要培养孩子逐步学会辩别什么是有效的、良好的交往，不同类型的交往、竞争与合作在自己生活中的作用，成功交往的条件是什么，对自己交往能力的评价等。

送走了鲜花烂漫的春季，在知了缠绵的鸣唱里，闲暇的暑假即将到来。希望孩子在您的悉心指导下不再有："妈妈，我要不住！"的百无聊赖；希望您能和孩子共度天伦，享受美丽闲暇的光辉；更希望孩子们在暑假里精神、身体双丰收，神采奕奕又归来！

祝您心想事成，家庭幸福！

第三章

教育有如此的关联

——海峡两岸的交流与感悟

小时候，因受到教育和信息的局限，只知道台湾是祖国的一部分，台湾有美丽的日月潭、有“阿里山的姑娘”……除此之外，台湾始终给我们一个“谜”的感觉。工作了，长大了，对台湾的认识和了解发生了一些改变，台湾和大陆的关系时常让我感慨。2003年3月18日温家宝总理满含热泪念诵国民党元老于佑任临终所写哀歌的情形历历在目：“葬我于高山之上兮，望我大陆。大陆不可见兮，只有痛哭。葬我于高山之上兮，望我故乡。故乡不可见兮，永不能忘。山苍苍，野茫茫。山之上，国之殇。”这次，作为一个教育人，能够深度走进台湾，亲历之程，有沐浴中国千年文化之风，有感慨教育连接之叹，更有体验家人相聚之情……

走进台湾，走上论坛

照片2 “两岸三地”校长交流会

2009年10月25日，应台湾地区“国立台北教育大学”林新发校长的邀请，我非常荣幸地参加了在该校举办的“2009年两岸三地校长学术研讨会”。论坛由“国立台北教育大学”“国家教育研究院台湾筹备处”和中小学校长协会共同举办，是第一次以“两岸三地”的校长共同参与的形式召开的。论坛上，我以大陆小学校长的身份做了题为《通过情趣教育化解教师职业倦怠——四川省大邑县北街小学情趣教育化解职业倦怠策略及其理性解读》的演讲(论文附后)。(见照片2)

我的演讲得到了与会人员的强烈回应。因为我是上午第一个演讲的,在中场休息的时候就有校长过来和我交流并留影纪念。其中一个瘦瘦的、穿中式女装的女校长告诉我,她老家在重庆,现在在台湾某县教研室,一直在做类似于情趣教育的研究。我一听,心想:“教育竟有如此的巧合和关联。”

下午,由听众发表对自己感兴趣的演讲内容的回应。桃园县一个叫桂景星的校长讲道:“一天来,我感觉我们台湾的校长一直在试图用制度、用金钱去管理教师,我们显得有点像企业主老板,教师跟我们显得对立,因此我们感到累,不快乐。而上午作演讲的包蕾校长,她的情趣教育理念告诉我们,教师管理可以从另外的角度出发,更符合教育规律、教育特点、学校特点和人性的特点。为此我对包校长的情趣教育很感兴趣,我想提问包校长,你是怎么想到情趣教育的?”

“台湾国家教育研究院筹备处”主任陈伯璋教授立刻就此话题回应道:“教育本来就应该是充满情感和趣味,充满美感的,但是教育中太多功利的东西损失了它的情趣和美感。正如我们都太急迫的去改变什么,于是我们总是感觉匆忙而疲惫,教育应该回到庄子、老子、孔子的精神上来,自然而然,怡然淡然地从事教育,享受教育……”我听了,备感欣慰和鼓舞,也备感信心和力量。

我说:非常感谢陈伯璋主任对我校秉持的情趣教育理念的肯定和赞许。我想我的台湾之行的目的已经实现。因为在座的各位校长,特别是台湾的校长们已经深刻记住了“情趣教育”,记住了在大陆的成都市有一所学校,一个姓包的校长和他们的教师们在做“情趣教育”,并且从她的演讲中,她的笑容、笑声中感受到了他们把教育做得很有意思,很高兴、很活泼。更让我高兴的是,此时此刻这一话题的讨论给我们带来的笑声,我很享受教育人的这种独特的灵魂分享的氛围。在我们学校的教师、学生、家长的心里，情趣教育是正面的、光明的、美好的、辽阔而充满生机的，它是受人欢迎和喜欢的。因为三年多来，情趣教育以建立强大的心理暗示磁场和四大行动策略的实施，实现了教师、学生的改变，有效地减少了教师的职业倦怠和学生的学习乏味现象。不管各位今天初听情趣教育有什么怪的感觉，但只要它能实现家庭更美好，学习更有趣，教书更有味的目标，那它就是好的教育理念。为此，让我们大家都来做情趣教育吧，让我们的生活更有情趣吧！（见照片3）

照片3 包蕾校长在“2009年两岸三地校长学术研讨会”上讲话

会场响起了热烈而真诚的掌声。我想这掌声不仅是对我深具真性情、率直个性的表达的赞成和呼应，也是对我校情趣教育的理解和认同吧。

后来的几天里，很多校长都分别与我交换名片，并进行很多次情趣教育的相关讨论，这给了我极大的鼓舞，体验到了教育人独特的快乐。

“情趣教育”，是否换名

当天，负责点评我演讲的专家是私立裕德双语小学筹备处校长黄三吉博士，他以幽默风趣的口吻和非常真诚的态度对我的演讲给予了如下评价：“我感动于包校长具有直陈问题的勇气，感动于包校长文字的优雅，表达的美好，我感动于包校长和她的教师们所付出的艰辛劳动，使情趣教育有了明显的效果，更感动于包校长化解教师职业倦怠的经验，值得大家学习和借鉴。”在指出问题环节时，他说：“情趣教育”这个名字有点怪怪的，是否可以换一个名字？“怪在何处？”他接着说：“不过，要说换，又换成什么名儿，我也不清楚……”

400 多人的大厅里，台上台下一片饶有兴味的笑声。他们笑什么？我感觉到此时这笑容里包含着一种刚听到不同于他们平常思维的新鲜事物的趣味感，一种好玩的欢迎感，一种友好、快乐的氛围氤氲在空气中，大家感觉是像孩子般：“——这真有意思！”但是我更感觉到这笑容、笑声里有一种不明白的、“怪”的呼应感。

后来，在台北市的大街小巷，我看到了大大小小的“成人情趣用品”店铺时，我明白了“怪”在何处。在台湾人的字典里，情趣是特指成人的情趣用品或者是两性间美好和谐、富有情趣的关系。难怪在当天的点评中，来自教育部中学校长培训部副主任戚业国教授很认真地强调说：“由于时间、时空的阻隔，虽然两岸三地实属一个语言系统，但是部分语言已经有了很不同的含义，需要有识之士对两岸语言做个对照表，就像中英文对照一样。“情趣教育”指的是以情感趣味为出发点开展的教育教学活动，从中提炼出来的理念，生发的策略和方法系统，大陆青岛实验小学也有关于“情趣教育”的国家级实验课题……”

联想到黄三吉博士建议为“情趣教育”换名，联想到对“情趣教育”之名心存疑惑的几位教授——中国基础教育课程改革中心主任刘坚，教育部小学校长培训中心主任褚宏启，我在北师大学习期间的导师毛亚庆，难道他们的感觉也是源于这样的一个理由吗？

台湾之行后，我就是否为情趣教育换名问题思考了很久，最终我和我的教师们决定不更名、不换名。因为特色学校建设必须有特色文化理念，这理念就是一个学校独特的个性，就是它区别于别的学校的特点，于是得给这理念起个名字……一切教育理念的提法和提出是直指教育的实际效果，这个名字应该具有这样的特征：首先看它能否引起关注，激发兴趣，能否迅速得到呼应；参与者是否能很快的被感染、被鼓舞、被影响、被改变及至积极追随；看它是否容易被记住，容易操作；还要看它是否容易被总结、被传播。比如，我能行教育、成功教育，情境教育，生活教育……我颇感欣慰的就是这几年情趣教育在教师管理，学生教育方面取得的提升和改变；我也高兴在人类内心共同渴望“情趣”生活的共同愿景中，“情趣教育”所受到的礼遇和欢迎；更庆幸的是情趣教育的研究过程中我自己的思想境界，心灵胸襟的提高和开阔，幸福快乐之感常常撞击着我，我越来越开朗、豁达和敞亮。为此，“情趣教育”坐不改名，站不改姓，我和我的老师们将坚定地固守着它，发扬着它。

快乐至善，积极为贵，只有快乐、主动地从事工作才可能实现高效率和高回报。“做有意思，有创意的教育；当有快乐，有作为的校长”是我做校长以来的努力目标和工作原则。有意思就是有兴趣，有乐趣，有意义，有价值，乐于回味，乐于坚持，乐于收藏，乐于传播，乐于模仿。有创意就是与传统有所不同，与自己的昨天有所不同，与今天的别人有所不同，呈现优良的个性，展示独特的魅力，这是克服困难和迈步向前的永恒动力。这次的台湾之行再次证明“情趣教育”是有意思、有创意的教育。

台湾教育，我的印象

台湾教育给我印象最深的是他们对家长权利的极大尊重。台湾的校长告诉我，他们教育部本来要节约资源，将部分很小的学校合并起来，学生上学路途遥远的问题采用住宿制的办法解决。后来在执行过程中，遭到了家长的强烈反对，他们认为这样剥夺了他们亲子教育的权利和机会，并以缺乏家庭教育的孩子不符合未来优秀公民的培养规律等理由进行听证、民主决议，最终政府顺应了家长的要求。结果就成了我去看到的现状：岛上很多个小学，有的人数多达三四千学生，少的只有十几个学生，再小的的学校各种教育资源均配置齐全，教师也完全按照正常学校的教师安排，有的学校只有七八十个学生，教师就有十来个。

他们对家长的资源利用力度和利用办法也给我留下了深刻的印象。10 月 26 日这天上午，在当地校长的带领下，我们参观了台北市中山区永安国民小学，该校校长何秋兰接待了我们，并对学校情况做了详细的介绍。整个参观过程中，学校家长委员会主任从开始到最后都一直陪同，并对家长委员会的工作情况做了详尽的交流。家委会所付出的财力、物力和精力之多，让我很感慨。

台湾的教育经费完全由当地政府划拨，采用的模式与我们大陆采用的公立学校管理一样。由于经费划拨方式决定了各学校的自由经费的严重短缺以及高标准、高规格的学校硬件建设的不到位，显然不能满足某些地方的家长需求。该校家委会成立以来，先后为学校向家长募集经费上千万元，今年也有100多万（此为我大致折换成人民币计）。这些经费由家委会独立核算，每学期初针对学校的预算报表进行家长审议。这些经费使用的重点支配在学校环境建设，教室硬件改善，学生活动器材的完善上。该校一年四季鲜花簇拥，池鱼跳跃，天文观察、地理探索、生物再现等昂贵的教学设施就是用的这笔资金。这笔经费保障了该校学生可以最快捷地获得现在世界上最先进的科学进步模拟教学，可以保障孩子的各种实践活动器材，各种体育锻炼、艺术审美器材。

在问及如何取得家长的信任，如何让家长自愿捐钱的问题时，该家委会主任给出了三句话的答案。他说："首先，学校校长要办出让家长感动的教育，而且家委会成员要去传递这种感动，让所有家长真正感动，从而参与教育，投资教育；其次，还要建立有效透明的资金管理办法，只有让家长放心，他们的钱没有被乱花，而是被他们的孩子在享用，这种机制才可能持续；最后，就是要有一支强有力、高素质的志愿者家委会成员。"当时我们看到在家委会办公室里，几个家长正在清理当月募集到的家长捐款，聊天中知道他们都是自愿并进行公选出来的家委会成员，他们中有在职的公务员、商店老板、船员等。据他们介绍，这些家委会成员还要了解家长意见，观察教师教学情况以及跟学校行政商议学校问题的解决等。

台湾经典古文化的传承情况和大陆很多人的猜测不一致。我们看到他们一直使用繁体字，甚至他们的拼音采用的是罗马字拼写法，看到这样的情况，我们会直觉地评价他们更珍惜祖国古文化遗产，而事实并非如此。校长们告诉我，台湾的教育也经历了向西方看齐，英语和汉语教育并重，后来又向邻居日本、韩国学习儒家文化的曲折过程。由于特殊的政治背景和与通往世界各国的交通便捷优势，该地的领导、教师、家长、学生对西方的民主平等自由等文化的吸纳非常多，学习和使用英语的情况比较普遍，外国人在岛内的入住和交流也很普遍。我感觉他们对古文化的尊重和崇尚在中老年人中较强，年轻人中已经比较淡薄，年轻人正在比较和选择之中，他们也有非常宽松的政治环境让他们有时间、有权利比较和选择。由于台湾独特的政治背景使然，台湾教育较少提及国家、民族，“爱国主义”教育不像国内大陆那样理直气壮，有个校长笑谈，国际比赛中台湾啦啦队高喊时和大陆的最大差别是大陆喊“中国加油”，台湾喊“郑志龙加油”。

台湾的校长给我的印象是讲究仪表，学养丰富，特别健谈。这可能跟岛内的校长遴选制有很大关系。据介绍，他们的校长要经过严格的遴选才能提拔到该岗位，而且校长实行的是职业管理制，就是说一旦当了校长就只能当校长，不能到政府部门当公务员或行政领导，除非自己辞职重新报考公务员。校长一旦每两年的考评不合格就下调当教师。校长如果没有相当的口才，他是过不了遴选关和考评关的。台湾的校长待遇很好，约算一下为台币年收入 120 万元，折人民币三十万左右，他们可以享受岛内中产阶级的优裕生活。有趣的是，他们对校长采取星级工资，只对校长考量该校发展情况，不论你所在的学校学生人数。这样一来，可能管几十人的校长拿的钱和几千人的校长拿的钱一样多。

台湾的教师和学生也是我很想了解的，但由于时间关系，没有接触的机会，只是远观而已。印象深刻的是他们的教师和校长的对立以及教师权利的过分放大。据说岛内有教师联合会、教师权益法，教师权利达到“应该抑制一下”的状态。他们组织的校长联合会是一种校长的自发行为，初衷就是联合校长商讨对教师的管理办法，这次两岸三地的论坛就是该联合会组建以来开展的首次国际性大活动。黄三吉在点评我的发表论文时说:“很羡慕大陆校长的权利,他们可以评价和调离教师,而我们谁敢对老师评价。”他还很质疑我论文中关于“正面激情感召教师”的说法,因为台湾的校长很少有敢正面唱响教育的理想、责任和使命的。这对我来说确实是不愿看到的,但我也知道大陆个别学校也存在这样的现象,那就是校长成了监工,教师是劳工,他们的目的完全对立,监工想劳工少得钱,多出工;劳工想多拿钱,少出力。而我恰恰认为校长和教师是可以目标一致的,都是为着孩子的教育,都是想实现学校的发展。我把学校比作一艘大船,我是主要负责方向和分工的船长,我和教师们只是分工不一样,我们各司其职,各尽其责,各显其能,各得其所,大船才能破浪前行。如果我被认为是天真,那是人们太世故,已经忘却了学校与监狱、与军队、与企业的本质不同。这几年来,我坚持着这样去引领教师和家长,学校发生的变化和提升给了我信心,做人尤其校长“天真”一点又何妨?

台湾的家长择校热不亚于大陆。政府采取的义务教育法摒除了收费和条子生的做法,现在全岛采用的是区位就读,就是我们采用的划片招生办法,这个政策的结果和我们这儿大致相似,优质资源的学校周围的房地产市场火爆,差距达几千一平米的情况不值得惊奇,追逐优质资源的家庭成了庞大的“漂流一族”。他们对应试成绩的重视和对应试成绩的追捧虽然有,但明显没有国内那么强烈。小学显然要好些,因为它们的初中招生完全依据划片招生的办法,没有我们这儿的非区域招生情况,而且他们的初中校长在招生时,形成了与小学沟通的注重后续学习能力的对学生全面评价的系统和办法。另外他们的家长对孩子的发展也开始趋于理性,他们选择的机会也比较多,可以出国,可以读专业的技术学校,也可以读普通大学。

岛内礼仪，耳濡目染

台湾人的礼仪给我的印象是舒服，不夸张，不做作，不虚伪，自然而然，自觉自在，如沐春风。二十五日晚上我去入住的台北馥敦饭店附近闲逛，每个店的服务员都尽心尽责的打理自己手里的活计，店里音乐低回婉转，店员动作轻柔麻利，与顾客买卖之间轻言细语。逛了几个服装店，店主微笑示意顾客自己尽情选择，见我问起色彩及型号时就轻步到我面前一一回答和建议，问答之间没有半点不耐烦和你是否买得起的毒眼打量。前面几个店我是犹豫半天都没买成，自己心里颇觉对不起店员的辛苦服务，惭愧之色可能已溢于言表，可店员一点都没怪罪之意，一脸的买卖不成仁义在、相逢是个缘的无怨无艾的神情。最让我感动的是我买了商品的那家知道我是大陆人后，没有一点宰你没商量的霸道，而是以我认为比较适宜的价格购得，还热情的介绍台湾的风土人情，旅游特色。

说台湾的礼仪不能不提到台湾的宾馆。这里宾馆服务业非常发达，在台北、台南、高雄所见街道中时时都能看到宾馆。宾馆里看起来比较新，说是经常更换装修的缘故。房里装修和软装饰颇讲究情调和细节，灯光、洗刷用具床铺尽可能给人美感、温馨和方便。宾馆门口一般都停靠有随时为顾客服务的出租车，司机着装统一，显得气派而严谨。司机为顾客服务时显得快乐而礼貌。

台湾人的礼仪给我留下特别深刻印象的是独特的会议礼仪。一般参加会议的发言者、主持人一上台按惯例都会说："各位先生上午好"或"下午好"之类的问候语作为开场白。国内这个时候无一例外是言者、听者都无感觉，走个形式而已，也没有人试图去省略，因为省略了就好像演讲不够完整。台湾的会议问候显得非常有意思，每个上台的人只要一说完"上午好"之类的问候语，下面听众无一例外地整齐有力、干脆明亮地回应发言人"好"。依我看，礼仪的最高境界就是让人感到快乐，这种听者、讲者的台上台下的短暂交流是一种极大的尊重、互助表现。它让讲者不那么紧张，听者也有精神；它是台上台下的礼仪约定：我们是朋友，现在我们分享灵魂。

礼仪是周到的服务，这不能不提台湾教育人的善解人意。按照会议议程我只能参观一所小学，可我忍不住跟同行的一个校长小声惋惜。秘书长听说后专门做了安排，在一个活动的间隙专车送我去参观了一所小学。过去这么多天了，他们的音容笑貌犹在眼前，难以忘怀，也感激莫名。我不断反思，我是否给人家添了太大麻烦，是否让人家有为难之处？

哈哈，见贤而思齐者君子也！不管是日本人占领其间给台湾人留下的礼仪风气还是蒋介石去后的教化，夫子云：仓禀实而知礼仪，人无礼而不立。礼仪让人际更和谐，让人更像人，我要向彬彬有礼的台湾人学习。

附：我的演讲论文

通过情趣教育化解教师职业倦怠的实践研究

摘要： 教师职业倦怠越来越严重影响着教师身心健康，阻碍了学校的可持续发展，其形成原因有多方面因素。我校努力从心理层面着力，实施情趣教育。在教师的培养和管理方面秉持“团队性、赏识性、激励性、发展性、个性化”的五大工作原则；实施“环境情趣化，管理情趣化，阅读情趣化，课堂情趣化，家校互动”五大行动策略，“以情呼唤情，以趣对接趣，情趣共鸣”地调动、激发教师们对教育、教学的信心、希望、激情和内驱力。教师职业倦怠最终在教师职业信仰和职业幸福感的回归中得到了逐步的有效化解，教师体验到教书育人的快乐，学生更会学、乐学，学校越来越彰显出勃勃生机，让人留恋。近几年来，学校成绩显著，“志存高远的积极，气定神闲的高贵”正在成为北小教师的集体气质。

关键词： 情趣教育　化解　教师　职业倦怠

一、教师职业倦怠已经越来越严重地影响和制约学校的发展

北街小学始建于1917年，是大邑县（总人口50万，县城人口10万左右）县城里一所窗口示范学校，大邑县唯一一所成都市义务教育示范校，四川省科技教育示范校，中国科技馆优秀观察点，国家基

础教育改革语文学科基地校。生源主要来自县城里工作的机关人员家庭。学校占地面积 15 亩，使用面积 20 000 平方米，目前有 35 个教学班，1900 个学生，600 个住读生，91 个在职教师，其中特级教师一名，成都市学科带头人 5 名，县级名师 12 名，65 个县级以上骨干教师，国家级科技辅导员 3 名。

2006 年 8 月，副校长包蕾接任校长职务，此前，她在本校工作 16 年，担任语文教师兼班主任，任教导副主任和副校长五年，深感需迫切解决的问题是：学校教师在苦教、累教而不乐教，更谈不上享受教育，教育幸福，简单说就是“敬业而不乐业”；学生苦学累学而不乐学，当然也鲜有享受学习，幸福地学习，即“苦学而不乐学”。校园不再是师生喜欢留恋的地方。

部分教师已经失去了对教学工作的信心和热情，大部分教师只是把教师当成一个谋生的手段，“神圣的教育事业”仅仅成为一个空洞的口号留在老师们的总结里。四年前学校教师传看这样的手机信息：

上联是，听狗叫，看猪脸，课时加重，收入在减；

下联是，教畜牲，哄笨蛋，生不逢时，诲人不倦；

横批：人民教师

上联是，囊中羞涩，无权无势，人生坎坷，心憔悴；

下联是，居无定所，难以成炊，衣带渐宽，终有悔。

横批：教师倒霉

部分教师们不再认真去钻研教材，钻研学生，教学凭着感觉走，不求创新，但求应试成功。对于新课改的精神也是新瓶装老酒，备课本、各种资料相互拷贝，应付检查。教师之间失去了专业的研讨氛围和交流，对各种学习失去了兴趣和动力，沉默在改不完的作业里，奔忙于各种检查里。极度的疲惫使老师们对于学生的教育"心有余而力不足"，"不求有功，但求无过"。有一位教师甚至当面对校长说："我只要把我的学生守好，不出安全事故就可以了。"还有位教师说："我每天的理想就是不受批评也不受表扬，求领导将我遗忘。"

其次，教师们在自己的生活中也享受不到比较高层次的乐趣，基本不读书也不藏书，教师最多买《家庭医生》《知音》两种杂志，《读者》也只是少数几个间或购买。很大一部分老师醉心于打麻将、打纸牌这种消极闲暇生活。这样的生活自然而然的也就缺乏职业热情，冷漠、悲观的情绪随之而来，弥漫在校园的每一个角落。面对这样的一种现状，校长不禁思考：教师怎么了？我们集体迷茫，不想这样过，应该怎样过？可以怎样过？此时，"职业倦怠"这个词语自然而然进入了校长的主要关注领域。

有关职业的倦怠的研究，目前主要存在三种相关的解释理论。[1]

1. 资源守恒理论

资源守恒理论（简称 C・R）是用于解释人如何因为环境需求、资源供需之间的调节关系而产生压力的一种理论。基本原理是：人具有努力保护和获得资源的倾向，最有价值资源的损失也会使人产生不安。心理压力产生的来源之一是损失，而职业枯竭是工作所需的资源耗尽率大于补充率时所产生的现象。具体到教育教学，就是当教师失去了特定的资源（比如，晋升、进修机会少了），或珍贵资源（指教师的能力、知识、时间、精力等）受到威胁，不足以应付需求（比如，新课程改革对教师的全新要求使教师不足以应付等情况），或投入珍贵资源却无法得到预期回报（比如，教师每天起早贪黑、忙忙碌碌，却不见学生学业有明显提升，甚至受到学生、家长和同事的误解等）。

2.　社会胜任模式

社会胜任模式主要用于提示职业倦怠与自我对工作之胜任能力的知觉有关，所谓胜任能力指个人如何与社会环境互动，且影响环境的能力。

具体到教师职业，就是指教师对该职业的胜任能力的预计。当教师始终认为他们所从事的教育教学工作是有价值、值得奉献终生的事，且可以有效促进学生的发展时，教师就能对工作产生积极的情绪反应，并且排除万难，努力使自己胜任所从事的职业。

3.　生态学模式

该理论模式强调的是有机体及其环境（生态系统）之间的相互关系。该分析模式最大的优点是强调任何因素都不是造成职业倦怠的唯一因素，研究职业倦怠不能从单一的环境或个人因素入手，必须从环境与个人交互作用这一动态的视角去把握。从生态学的观点来解释教师职业倦怠，就必须探究教师个体与周围环境系统之间的相互影响、相互作用。从这个角度上看，教师职业倦怠乃是一种生态学上的功能失常现象。

“教师是职业倦怠的高发人群。（美国研究所 1992 年给 10 项压力最大的职业排序，排在第一的是‘市内教师’，排在警察交通管制员的前面）”[2]“倦怠的感受正在打击着无数有爱心、有理想、乐于奉献的教师们——教师们已在逐渐地放弃他们的专业工作。”[3]目前，很多教育心理学研究者认为，教师职业倦怠指的是教师个体因不能及时有效地缓解教育教学工作中的压力，妥善处理工作中的各种挫折而体验的一种身心疲惫枯竭的情感状态。《走出教师职业倦怠的误区》中指出，教师职业倦怠影响教师本人工作，影响认知，影响情绪，影响生活。并且认为，教师在经历职业倦怠时有以下三种典型的心理或行为表现。[4]

第一，长期的情绪上的倦怠感。出现疲劳感，性急易怒，容忍度低，并且在情绪上缺乏热情与活力，有一种衰竭、无助感，并且对生活冷漠、悲观。

第二，人格的解体。表现之一就是减少接触或者拒绝接纳学生；对同事也常常是持多疑妄想的态度。

第三，较低的成就感。教师们开始感觉到在他们的工作中不再有什么值得去做。感到职业所带来的，如报酬少之又少，产生了较强的自卑感。当较低的成就感与前面两种职业倦怠的感觉混合在一起时，就会大大减少工作的驱动力。这时，失败就会成为一种生活方式，社会心理学家称之为"学者型的无力感"。

在心理老师的帮助下，我们利用史云静[5]所制的量表对学校的教师进行了一次针对教师职业倦怠的心理测试。通过测试，我校所有教师在职业倦怠总量表上的得分和各个维度上的得分情况见如表1所示。

表1

项目	情感耗竭	降低的个人成就感	人格解体	职业倦怠总分
总分	26.30 ±5.45	20.12 ±5.28	6.78 ±3.45	51.33 ±9.23
均分	2.05 0.67	2.03 0.75	2.04 0.79	2.04

由表中数据可知：我校教师在情感耗竭、降低的个人成就感、人格解体三个维度的均分分别为：2.05、2.03、2.04。由于本量表采用

5 点计分,中数为 3,所以从当时我校的情感耗竭程度、降低的个人成就感、人格解体程度看,职业倦怠虽然不是很严重,但已经比较明显。

教师职业倦怠的原因可以从教师个体和学校影响两个方面分析:

(1) 赞誉与现实的背离;

(2) 劳动价值与劳动报酬的反差;

(3) 理念先进与评价体系落后的矛盾;

(4) 新课程对教师的高要求与教师个人素质偏低的矛盾;

(5) 教育变革的"好教师"标准与传统标准的矛盾;

(6) 圣人标准与常人心态的矛盾;

(7) 自我抱负水平高与工作准备不足的矛盾;

(8) 角色价值观与个人价值观的矛盾;

(9) 工作负担过重与教师承受能力有限的矛盾;

(10) 高精力投入与低成就感的矛盾。

我校造成教师职业倦怠具体原因大致概括为:

1. 工作环境缺少温馨和谐,致使教师缺少舒适感

北街小学受地理和历史条件的限制,校园环境狭小,在 15 亩的面积上修建了三幢教学楼,容纳了近两千名师生,因此教师和学生的活动区域非常有限。当时,校园文化的建设并没有同步跟上,学校给人的感觉是单调、生硬,缺少温馨感。

2. 教师评价不够合理,致使教师安全感和归宿感的缺失

由于缺乏科学的评价,存在末尾淘汰制和岗位竞聘制,"教学质量"如一记重锤无时无刻不敲击在教师们的心上。教育局期望北街小学所有的活动和教学都必须是绝对的第一,教师的教学质量压力更大。教师之间竞争压力重,不由自主的产生"提防"心理,同事间

缺乏良好的沟通交流与合作。同时，学校领导和教师之间沟通方式的单一也使教师不愿与领导更多的交流，从而在心理上更加的孤独。

3. 工作时间过长，工作内容繁琐

曾经对我校三至六年级的教师做过调查，90%的教师基本上每天都要带一个小组的作文或者试卷回家批改。现代教育技术的日新月异，要求教师花大量的时间和精力来学习新的教育理论、教育思想，更新自己原有的知识和技能，但大部分教师都没有脱产进修的机会，只能挤出本来就少得可怜的业余时间补充知识。

学校大班额普遍存在，无形中更给教师们增加了成倍的工作量。辅导学困生，处理学生中的突发事件，组织学生参加各种课外活动，早上要守学生早读，中午要看着学生休息，下午放学要保证每个学生都有家长接送，还要时刻看护学生的安全。“两眼一睁，忙到黑灯”是许多教师真实的生活写照，常常连“休息”这样的基本生理需求也不能得到满足。这样的生活，怎能不让教师身心疲惫？

4. 收入偏低，家庭经济窘困，生活水平不高

尽管国家一再提“教师收入不低于当地公务员工资”，但事实上教师的工资仍然偏低，“清贫的教师”似乎已成为一个固定词组。经济基础的不扎实让老师难以“硬气”起来，导致教师对教师职业的认同度大大降低。在北街小学，一个工作近二十年的教师，工资也只有一千元左右，这样的收入要维持一个家庭的正常开资，经常是捉襟见肘。

5. 社会期望过高，教育难度加大

另一方面，社会和家长对教育期望过高，国家和社会把民族的未来寄托于教师身上，期望教师成为专家、专业人士，要求教师承担越

来越多的责任和作用;家长望子成龙、盼子成才的急切心理也转化为对家长对教师的一种非理性的希望。这种“关注”和“期望”的方式常常以“苛求”与“责难”的形式呈现,教师的付出常常得不到尊重、肯定和支持,家校矛盾越来越突出。

近几年,随着社会的发展,社会转型期的到来,许多不良习气和精神污染不断渗入学校,学生思想和行为越来越难以影响和教化,“教师满箩筐的大道理,抵不上社会上一个真实的例子”。特别面对的是独生子女的教育这个崭新的课题,现有教师教育技巧方面经验太少,呈现出师生矛盾的突出化。教育的难度明显增大。

《走出教师职业倦怠的误区》中指出,教师职业倦怠影响教师本人工作,影响认知,影响情绪,影响生活。职业倦怠究竟给学校工作带来了什么样的影响和危害,我们的调查结果是:90%以上的教师在假期不愿意回学校,70%以上的教师对所从事的教育工作没有成就感,更难以体会教育的幸福和职业的快乐,45%以上的教师表示如果有机会将毫不犹豫离开教师行业,80%以上的教师认为“教师仅是一项生存的手段,非理想中的事业”“从事教师职业仅仅是为了养活自己和家人”,90%的教师、不愿也不能从职业中去感受教育的意义和幸福。能真正将教师职业当成事业来做,自觉从工作中去体验乐趣的教师少之又少,仅仅只占调查教师数的6%左右。不少老师终身都未体验发挥自己的潜能,追求个人能力极限,满足自我实现需要所带来的极度喜悦,更谈不上获得职业幸福感。

职业倦怠损害着老师的身心健康,影响着学生身心健康,阻碍了学校的可持续发展。按照人力资源的最新理论,教师的素质就像汉代李广将军在情急之下能“箭入顽石”一样,是一种伸缩性很强的内存潜能,当潜能充分地转化为有效的教育行为时,就会收到最佳的教育效果，而有效实现这个转化受到很多条件的制约。其中，教师的职业倦怠是最重要的，也是最麻烦的制约因素。学界认为它已成为我国教育事业中一个黑洞，像一只蛀虫一样在慢慢地蚕食教师的积极性和主动性，致使教师的内在潜能难以充分发挥，最后引起教育质量的下降。因此，采取有效措施帮助教师消除职业倦怠，已成为刻不容缓的社会问题。

《走出教师职业倦怠的误区》中指出克服倦怠的要素可以整合为：

（1）树立对教师角色的合理期望；

（2）有效疏通教师消极的情绪；

（3）建立灵活多样的评价体系；

（4）尊重和满足教师的合理需求；

（5）形成积极健康的学校文化氛围；

（6）践行“行政为教学服务”的理念；

（7）促进教师的专业发展。

这本书里还指出，教师作为助人性行业，每天都要与人打交道，而且扮演着许多不同的角色，精力和情感很容易出现暂时性耗竭状态，产生疲倦、厌倦的情绪。因此，良好的自我心理调适能力对教师而言十分重要，诸如：学习“水”的智慧；正确认识和驾驭压力；将问题视为朋友；学会情绪疏导；寄情教学工作；心里要有“时间表”；反躬自省；善待自己等等。

作为学校校长除了引导教师从自身身体、心理层面实施自我调节以外，从学校的管理层面应该思考：如何通过学校教育理念、管理理念及管理策略的重新审视和变革，让教师重新焕发出对教育工作以及对个人生活和生命的热爱，从而化解教师职业倦怠？

二、情趣教育的提出

2005年春天，在成都市教育局倡导学校打造文化品牌，梳理校园精神，建设和谐校园的大背景下，经过多次的调查、研讨、论证，基于对历史的梳理和对未来展望，学校提出并确定了“情趣教育”的办学理念，把学校的办学目标确定为：“办有特质的学校育有情趣的学生”。

情趣教育的内涵基本阐释如下：

情趣是一个广义的概念，决不单纯是一个性情趣味的问题。情趣是一个人对人生、对生活特定的持续的心理指向和感情倾向，是一种心理的内驱力，这种内驱力直接支配着人的外在行为。它来源于对生活的热爱，以增强自己的生活价值为目的。它包括性情、感情、兴趣、乐趣、雅趣、志趣、理趣等内容。

一个人，要以良好的精神状态在社会中与社会较好地融洽在一起，并且能够凭借复杂的社会背景，在事业上有所成就，与这个人的情趣取向、情趣高下、情趣浓淡……即情趣的层次、程度有着密不可分的关系，层次越高、程度越强的情趣对人发展的动力作用越大，呈现的精神面貌越好。情趣指精神生活的品质，也因此影响人的物质生活形态。这种品质是正面的、积极的、甚至是高雅的，它充实、有趣，人因此乐观而向上，拿教育家陶行知的话说，生活因此向前、向上。

简要地说：情趣是一个人兴味充沛的精神状态。

情趣是有益的心理元素。有情趣的人区别于低俗，区别于琐碎，区别于颓丧，区别于荒诞；情趣总是与高尚、雅致、充实、达观相伴。

情趣教育就是为了提升人的生活质量与水平，培养人富于情趣的精神状态的教育。对教师而言，情趣教育是抵御职业倦怠、才能低下、生活乏力的有效途径。情趣不是天生的，文化环境与教育培养是人的情趣发育与发展的基本条件。培养情趣是一项较为长期的教育任务。情趣教育的意义就在于使人的精神状态由低级向高级，由贫乏向充实，由苍白向多彩，由厌倦向进取，由消极向积极……具体到教师的教育教学工作上来说，就是从“情感”“趣味”等心理需求着手，激发教师内心对教育事业积极的态度体验，产生对教育教学的关切和喜爱的情绪，促成职业成就感的提升和幸福感的回归。让教师拥有“从平淡中发现乐趣，从清贫中享受富足，从细微中悟出博大，从苦闷中找到调适，从困厄中寻找乐观，从浮躁中体悟执著，从苦难中感悟坚韧”等优良的个性品质和人格力量，从而克服学习乏味和职业倦怠，建设和谐校园。

情趣教育是教育思想——以热爱生活为主线，用“情、理相融”的管理理念和策略对人（包括教师）进行情和趣的熏染和培养，开启师生的幸福生活。

情趣教育是育人方法——采用“以情呼唤情，以趣对接趣”的方法。即“有情有趣”的教师用自己的教育情趣来培养和唤起学生对所学知识和学科的积极情感，对人生的热爱，最终育出学养丰富、安康快乐、和美发展的情趣学生。

情趣教育是过程教育——以“对生活产生持续性的热爱”为感情倾向的牵引。因而注重学生学习过程中获得的自主体验，注重教师的言传与身教。即通过特定的方式，让学生在绿色生态的活动过程中感受到学习的兴趣、生活的乐趣、科学的兴趣、艺术的雅趣。在积极丰富的情趣教育过程中最终实现“情趣高雅”的浸润，产生对生活的永久热爱。

当时，国内对情趣教育的研究已涉及几个省的 10 多个学校，其中尤以青岛市实验小学杨屹校长的研究较为成熟,但她重在对学生的研究实践层面,基本没有涉及教师的研究。这给了我们研究的信心,同时也显示了我们研究的特殊价值。

三、通过情趣教育化解教师职业倦怠的工作原则,工作方法和行动策略

情趣教育在教师培养,教师管理方面能否起到化解教师职业倦怠,和谐校园氛围,增强教师幸福感的作用呢?我校经过周密的研究分析和长达四年的实践发现,通过情趣教育化解教师职业倦怠是完全可行和有效的。

《积极心理学》(作者:阳志平)这本书指出,主观幸福感,是指人们对其生活的看法和感受,即是评价自身生存所作出的认知和情感的结论。Diener 在一篇综述中,先对气质、人格与主观幸福感的相关,以及与高主观幸福感的人口统计学特征的相关作了回顾。接着对这方面的跨文化研究作了回顾,并提出宏观条件与幸福感存在着联系。他指出,幸福感的关键是一个人的价值观和目标如何在外部事件与生活质量之间进行协调。他的研究使心理学家更易于理解 Democritus 和 Epictetus 等古代哲学家的思想,他们认为不是发生在人们身上的事件决定了他们是否感到幸福,而是人们对事件的解释决定了人们的幸福感。

积极心理学被定义为"研究有助于发挥人、团体和机构的最佳状态或功能的条件和过程的一门科学"。它提出了积极预防的思想,认为在预防工作中所取得的巨大进步是来自于在组织内部系统地塑造各项优势能力,而不是修正缺陷。在积极工作制度的研究中,积极心理学创始人赛里格曼从美国大都会人寿保险公司的 15 000 名员工中筛选出 1 100 人作为观察对象,对其进行 5 年长期追踪后

发现：具有积极情绪的经纪人业绩比常常表现出负面情绪的人高出88%，而负面情绪的人的离职率是积极者的3倍。由于积极心理学的兴起，在世界范围内，企业的人力资源培育从过去的管理举措变成了激励和引导。现在，越来越多的企业正努力创造一个能够促进员工自身的积极品质和正面思考的综合制度，从而提升他们的动机和目标，以面对不可预测的企业发展的问题。

现代管理学的一个最新理论（麦克格雷戈的Y理论）认为：人并非天生厌恶工作，而是愿意勤劳肯干的，他对工作的好恶取决于他所处的环境，即可把工作视为一种满足，也可把工作视为一种痛苦。建立和发展人际间的关系，形成一个宽松、和谐的工作环境，对于激励和发挥员工劳动积极性和创造性，具有十分重要的意义。随着教育水平的提高，人才质量不断提升，我国现在也十分重视对人力资源的开发。毫无疑问，一所学校开发和利用本校教师员工人力资源的程度，很大程度上决定了该学校的格局和前途；一个学校如何充分开发本校教师的积极性、主动性和创造性等人力资源的核心内容，很大程度上决定了该校的教育质量、人才质量乃至学校的前途命运。

综合上诉理论可以得出一个结论，教师是否拥有情趣的精神状态是解决职业倦怠，构建和谐校园的关键所在！营造一个培养教师富有情趣的精神状态的人文环境是学校管理的重要内容。

我校情趣教育基于积极心理学、麦克格雷戈的Y理论等相关理论，在教师培养和管理方面秉持“五大原则”“一种方法”“五大行动策略”：

五大工作原则为：

团队性原则（每个人都是重要的，同呼吸共命运，不抛弃不放弃）；

赏识性原则（发现并彰显每个教师身上的闪光点）；

激励性原则（把每个人永远放在比他现有水平高一点的位置）；

发展性原则（今天比昨天进步就是成功）；

个性化原则（我们个个不同、我们个个都好）。

情趣教育在教师培养和管理方面的主要工作方法：民主、人性地唤醒、感染、激励、鼓舞教师，以情呼唤情，以趣对接趣，情趣共鸣地调动，激发教师们对教育、对教学的信心、希望、激情和内驱力，从而重塑教育信仰，化解教师的职业倦怠。

五大行动策略：

【策略一】让物质环境富有情趣，构建温馨和谐的绿色校园。

针对工作环境缺少温馨和谐这个现实，我们对学校的校园环境进行了因地制宜的开发与设计，着眼于建设溶入了师生的灵魂和精神的校园环境文化，其创意依循“两来两享”原则。即，来自教师，来自学生；学生享受，教师享受。

学校修建了一个假山鱼池，一个带茶吧的校史室，一个朴素别致的阅览室，几个教师午间休息室，把电脑全部从四楼的集体电子备课室送到教师的办公桌……

环境文化的作用是不可小视的，环境富有了情趣，在这样的环境里工作，再多的苦恼、疲惫和失意也可能在恬静、优雅的环境中逐渐化解、释然，趋于平和。

【策略二】让管理富有情趣，提高教师归属感和安全感。

研究表明：学校管理者领导方式不当是直接导致教师职业倦怠的来源之一。在专制的管理方式下，教师对组织发展的知情权未能得到充分的、真正意义上的尊重，更没有机会参与学校发展规划的制定。这种状况就可能导致教师对组织发展缺乏认同，从而对组织发展、自己的工作产生冷漠和消极的态度,进而产生职业倦怠。我们在认识层面上不能简单地将倦怠视为教师个人问题,预防和矫治工作在组织管理层面同样重要。学校采取科学的、人性化的管理方式,对预防教师工作倦怠的产生也有很大的积极作用。只有在"严格纪律"的同时,实行"人情管理",才能实现"感情留人"的策略,尽量杜绝教师消极情绪养成的土壤。

教育需要丰富情感的投入,教育需要心与心的交融和沟通,管理不能只是冷冰冰的条条款款。在情趣教育的实践中,学校管理层提出并实施了以"情·理交融"为核心的学校管理体系,确定了学校管理的"1+1"模式,即规范化的常规管理加上弹性化的心灵式管理。在这个基础上,学校采取了许多柔性的管理方式:

1. 采用愿景引领

"目标产生美妙的动力"[6]。学校和老师们经过反复的思考和讨论,确定了情趣教育的美好愿景:校园让人喜欢留恋;教师享受职业幸福,想教、乐教、会教;学生热爱学习生活,想学、乐学、会学。愿景源于大家的心里愿望,点燃了教师们的激情,在奔向愿景的路上有两句话成了我们的口头禅:每个人都是重要的;选择我所爱的,爱我所选择的!如何让美好的目标始于足下?为了明确具体的努力方向,学校组织老师们根据自身的情况制定出适合自己的远期目标和近期目标,这样,教师们都对自己的职业生涯进行了重新的定位,有了提升自己的动力。

2. 改变评价方式

墨子说:"染于苍则苍,染于黄则黄。所入者变,其色也变;五入必而已则为五色矣。"(《墨子·所染》丝绸布匹放入不同颜色的染料水,即可染成不同的颜色。东汉王充也说:"蓬生麻间,不扶而直;白纱入缁，不染自黑。”(《论衡·程材》可见外部环境之于个体发展而言的巨大影响力。

当前对中小学教师的评价绝大多以学生的升学成绩论英雄。在这种传统的教师评价内容的影响下，教师很容易自觉地走进“片面追求学生成绩、一切靠学生说话、片面追求升学率”的路径，使其教学在相当大的程度上落入应试教学的套路。在这种教育教学下，学生难以系统掌握学科内容，所学的知识很多都已过时，教师也往往无暇顾及学科前沿发展，“一俊遮百丑”的评价体系不客观、不科学、不合理、不公正、将导致教师陷入无休止的升学竞赛之中。在这种重复机械的“操练”中，作为有自己独立思想的知识分子，教师是很容易陷入心理倦怠的。

鉴于此，我校对于一些功利化的评价方式，如末尾淘汰、教师排名等加以改变，消除导致教师焦虑、恐惧和教育热情减弱的评价因素。果断采用了“重态度，重过程，重变化，重个性”的“四重”教师发展评价模式。对社会提出了“我们个个不同，我们个个很好”的教师团队口号，对内明确承诺“允许暂时落后，绝不允许不进步!”。这样，老师们放下了心理包袱，有了积极向上的心理基础。

3. 建立对话平台

《淮南子·上篇》说：“为人上者，不忘其下，诚能爱而利之，天下可从之;弗爱弗利，亲子叛父。”作为学校管理者，必须始终关爱自己的教师，才能让教师感受到自己被重视，从而充分发挥自己的主动性和创造性，以报答“知遇之恩”。

校长的主要任务是向教师传递科学的教育思想，匡正教师认识偏差;唤醒教师的工作热情，疏解教师不良情绪，但校长与教师沟通的障碍很多，校长灵活多变的工作时间及学校繁琐芜杂的工作往往让教师觉得“找校长”很不方便，双方“位置”上的差异更让教师产生或多或少的心理畏惧。这个障碍如何打破？我常常主动约老师们个别谈心，一杯清茶在手，谈工作，也谈生活；谈自己，也谈他人。此时，校长变成了“朋友”和“姐妹兄弟”，切己体察，用心感悟老师们的苦与乐、喜与忧。其次，为彼此建立起便捷的沟通桥梁。为此，我专门为老师制作了《情趣阅读》本。老师们在上面记录自己的阅读情况以及工作和生活中的一些随想，允许教师发泄，允许教师解释。三年来，我坚持每月阅读一次，并在教师阅读本上与每位教师对话（笔谈），有对积极因素的肯定和赞扬，有对建议的尊重和感谢，有对困惑的激励和导向，有对不良情绪的抚慰和疏导，也有对自己管理工作的检讨反思等。教师的情绪需要获得满足，主人翁责任感提高，工作压力变成了工作动力。

4. 正面激情感召

“信任能产生奇迹，校长能否信任教师，能否真诚地尊敬、欣赏、赏识教师，这是决定学校教师精神风貌的主要因素。”[7]校长在充分信任教师的基础上，主动转变行政管理式的行为方式和表达方式。讲话时改变一贯的“一本正经”和“义正词严”，用充满真情、充满深情、充满激情的话语传递学校的关心，渲染良好风气，形成积极的、向上的舆论导向。为了缓解老师们的职业倦态，校长带领老师们集体诵读梁启超的《敬业与乐业》；为了纯净老师们的人际交往，涵养君子之风，修炼“周而不比，为而不争”的教师人格，校长给大家读王蒙的《做人处事二十一条法则》；每学期开学的第一次见面会，和老师们大声齐唱《团结就是力量》；《真心英雄》，与老师们真诚互道：“你在我心中很重要！”让真情感染教师、凝聚教师……行为方式上，针对教师怕校长听课，怕校长谈话的的心态，将听课、评课变为观课、议课，目的从原来的“评价、评比、监督、鉴定”改为“发现优势，确定方向，形成风格”。学校很多教师都被树立成某个方面的榜样教师，风格教师，特长教师，并且以“感动北小人物”“年度北小最可爱的人”“学生喜爱教师”“家长贴心人”等形式告知社会、家庭，让每个教师体验职业价值，职业尊严，抬头做人，光荣从教。教师的个人成就感得到了极大的满足时他就有了巨大的动力。

5. 让培训成为“福利”

学校重视能开阔老师眼界和思维的活动，积极提供机会，让教师参加各级各类培训和学习活动。一类培训为教师心理健康培训。这类培训主要向教师介绍心理健康知识，建立开放情趣的教师心理咨询机制，设立教师情绪宣泄室，定期举办教职工家属座谈会。

二类培训主要是教师专业发展方面：

学校开展一年一度的“靠近你·温暖我”师徒结对活动，让老师大胆走出去，开阔眼界，提高专业能力和素养。

走出去的同时也请进来。如，聘请成都市语委的张老师对老师们进行普通话培训，美化老师们的语音面貌，提高教师们的教学自信力。聘请成都大学师范学院陈大伟教授作《创造幸福的教师生活》专题讲座，之后他与老师们交流如何提高职业幸福感。四川省陶行知研究会常务副会长姚文忠教授作为学校的情趣教育顾问，常到学校与教师们开设情趣讲座，引领着教师们“拨云见日”，时时为教师们带来新信息、新理念，充实着教师们的职业底气，提升教师们的专业内涵。

6. 设立情趣讲坛

在教师个体需要中，尽管生理需要，如对食物的需要、对金钱的需要，起着基础性的关键作用，但是教师被尊重的需要、团体归属感需要、爱的需要以及实现自我价值的需要等精神层面的追求，与物质需要有同等重要的地位，正是由于其抽象性、不易把握性和操作性不强的特点,往往在学校管理中被忽略。因此,要克服教师的职业倦怠,就必须激发教师的职业动机,尊重教师精神层面的需要,并以此作为指导思想来制定学校的管理策略。

"把会议组织得富有生气,卓有成效,是提高教师士气和促进学校成功的关键。"[8]常规的周务会冗长乏味,为此,学校将之改革为情趣论坛,论坛的宗旨是"交流心灵感悟 分享智慧人生";论坛目的是开阔胸襟,颐养海纳百川的君子之风;论坛内容包罗万象,包括对生活,对教育,对学生,对同事的感悟和心得。

7. 引领闲暇情趣,争做可爱的人

教师的精神空间决定了教育的空间,教育的魅力取决于教师的人格与精神魅力:视野开阔,兴趣广泛,知识渊博,多才多艺,热爱生活并善于享受生活,生机勃勃,富有教养,仪表不俗,个性鲜明,真性真情,气质高贵……这样的教师对青少年的吸引和影响是课堂学科教学难以达到的。教师的业余时间的闲暇方式是否富有情趣,直接影响教师的职业魅力,职业效力,以及他的生命质量。

【策略三】让阅读充满情趣,丰富教师的精神生活。

一个人的精神发育史就是他的阅读史,一个没有阅读的学校永远不可能有真正的教育。教师不阅读就没有真正意义上的成长与发展。教师读书不仅吸取着教育思想的营养,寻求着教育智慧的源头,也体验着情感与意志冲击与交流。"阅读的广度和深度决定着教师科研教研的广度深度。造成职业倦怠的主要因素就是教师阅读的缺位和肤浅。"[9]校长为了把教师们从牌桌、酒桌拉到书桌,让教师们能静下心来教书,潜下心来育人,着力三大改变:第一,改变购书方式。过去学校也有图书室,学校按上级要求也要订阅一些杂志,但教师们很少问津。反思原由,只因为它们都不是教师们自愿、自主购买的,学校领导的一厢情愿换来的只能是一瓢冷水。于是学校彻底改变过去的做法,让教师们根据自己的需要自愿、自主地买书,并与学校定期推荐购书相结合。目前,学校为每个老师订阅了《读者》杂志,每年赠送每个教师两本教育专著,老师们还自选一种教学杂志订阅,学校全额报销费用。老师们高高兴兴地买书、读书、谈书、用书、写书,其乐融融。第二,改变阅读检查方式。变原来的“检查”为“交流”。如老师们阅读《创造幸福的教师生活》后,学校约请该书作者成都大学师范学院陈大伟教授到校与老师们现场交流,改变了老师们对教师职业的一些固有看法;老师们对学校赠送的《钝感力》感受特别深,遇到某人不开心,就打趣他“你钝感力太差啦!”于是,焦虑的脸上绽放出笑容来。老师们也经常在情趣阅读本上记录下自己的感悟。第三,将阅读和写作结合起来,形成了北小教师写作特色,即,强调理解与反思,反对表现主义;强调与实践相关联,反对理论主义;强调客观呈现,反对追求修辞;主张师生共写随笔,注重案例研究。我们还提出:动笔就是进步;动笔写自己就是成功;动笔写自己,行为有改变就是优秀。

【策略四】让教学富有情趣,提升教师职业幸福感和成就感。

理想的课堂是师生之间心灵相遇的场所,是观照意义世界和感悟生命之美的场所。让课堂拥有“炉边谈话”般的温馨和真诚,让课堂播撒幸福的阳光,释放生命的灿烂,洋溢着生命的温暖。这就是我们对于课堂的理想。洋溢着生命温暖的课堂,就是充满理智挑战的课堂;洋溢着生命温暖的课堂,就是学生可以实质性地参与教学过程的课堂;洋溢着生命温暖的课堂,就是开放的课堂。一句话,洋溢着生命温暖的课堂则飘扬着“人”的旗帜的课堂。我校教师们感到,课堂的沉闷乏味和缺乏情感是教师职业倦怠的重要因素之一。为此,我们探索出了“童真 童趣 童韵”为主要特征的情趣课堂建设方案，经过三年的实践尝试，取得了初步的研究效果。

校长明确提出“情深深则趣浓浓”“无情的课堂是无趣的课堂”“情感是课堂之本”等响亮的课堂教学口号。在情趣课堂的建设中，我们努力让课场充盈情感；努力让师生在这个丰富的情感场里互相感染，互相影响，互相促进；努力让课场中充盈着教与学的成就感、满足感、欣赏快乐、高峰体验等高级审美情感。富有情味和趣味的课堂，深深吸引着孩子们，课堂成了孩子们向往的地方，课堂成为了孩子们成长的精神乐园，他们喜欢上学了，他们下课了还不忍离开老师，还有什么比这更让一个老师更有成就感？更幸福呢？

目前，我校以情趣课堂“四问法”来引领和管理课堂：

1. 本堂课的目标是什么？

2. 实现目标的策略是什么？

3. 本堂课目标的达成度如何？

4. 本堂课的情趣指数是多少度？（最高为五度）

情趣指数的含义为：

5 度：整堂课教师和所有学生都能兴味充沛的投入学习。

4 度：一节课的绝大部分时间教师和绝大部分学生都能兴味充沛的投入学习。

3 度：一节课一半左右时间教师和绝大部分学生都能兴味充沛的投入学习。

2 度：一节课中有一段时间教师和绝大部分学生都能兴味充沛的投入学习。

1 度：一节课中有一段时间教师和部分学生都能兴味充沛的投入学习。

【策略五】构筑情趣家校平台，完善家长、社会良性支持系统。

学生、家长和社会的过高期望这个“千斤重担”以及过于理想化的人格要求，使教师承受着强烈的精神压力，很容易导致教师不堪重负，容易产生倦怠感。虽然，身兼教书和育人两项职责，但是社会也不宜对教师提出太多的苛求，应该强调教师的有限责任，他们不过是“人梯”，不过是代际文化的传接中介者，而非指引江山的国君、总统，用一国之君的道德高标来要求他们是不公平的，太多的“道德高标”不仅无益于基础教育质量的提升，反而会因为教师职业倦怠感而损害原本应该达到和实现的标准。

我校的具体做法为：

（1）开展情趣家校联谊会。

（2）开展情趣家庭经典诵读比赛、家庭才艺、文明礼仪夺彰活动。

（3）开展家庭教育情趣沙龙。

（4）开展家校零距离的家长、教师、学生、校长互相写信活动，定期由校长拟定话题，利用情趣教育报向大家写信，家长回信，教师学生讨论或回信回应的形式。

（5）教师家庭建设：引领教师闲暇情趣，争做可爱的人。教师的精神空间决定了教育的空间，教育的魅力取决于教师的人格与精神魅力：视野开阔，兴趣广泛，知识渊博，多才多艺，热爱生活并善于享受生活，生机勃勃，富有教养，仪表不俗，个性鲜明，真性真情，气质高贵……这样的教师对青少年的吸引和影响是课堂学科教学难以达到的。教师的业余时间的闲暇方式是否富有情趣，直接影响教师的职业魅力，职业效力，以及他的生命质量。学校教师积极参加的“三个一”活动（即人人一个情趣特长，人人一年一次展示，人人参加一个情趣活动小组）让他们离情趣魅力教师的目标越来越近。

在注重情趣教育的“五大工作原则，一个主要方法，五大行动策略”化解教师职业倦怠的同时，我们还积极争取上级部门的理解和支持，大力改善学校社区环境和扩建学校，尽可能的减少教师职业倦怠的外在因素。减少班级学生人数，控制大班额，广泛引进家长资源，充分发挥家长参与学校建设的主动性，建立与政府、社会的无间隙沟通平台，如北小网站，校报《情趣教育报》，家长协会，家长服务日……

四、学校的变化

为了具体了解情趣教育提升教师职业幸福感，化解职业倦怠的效果，2009 年 6 月，我校再一次的对全校 93 名在岗教师进行了一次针对教师职业倦怠的心理测试。

通过测试，这一次，我校所有教师在职业倦怠总量表上的得分和各个维度上的得分情况如表 2 所示：

表 2

项目	情感耗竭	降低的个人成就感	人格解体	职业倦怠总分
总分	24.50 ±6.95	18.00 ±4.37	7.56 ±2.29	52.06 ± 10.19
均分	1.93 0.88	2.38 0.67	1.71 0.66	2.21 0.55

由检测数据可知：此时，我校教师在情感耗竭、降低的个人成就感、人格解体三个维度的均分分别为：1.93，2.38，1.71。从检测结果看出，与 2006 年相比，我校教师的情感耗竭程度、降低的个人成就感、人格解体程度已经有了很大的缓解，教师职业倦怠问题开始逐步获得了缓解，学校的情趣管理策略是有效的。

三年来，很多家长和教师自己感觉北小教师们变了：仪容越来越注意端庄、品位，给孩子们以良好的视觉感受；言谈平和，讲究技巧与措词策略，课堂上的普通话越来越标准；一节节精彩而又各具个性的情趣课让兄弟学校的同事们竞相研讨；办公室里随时都能看到同事之间就教学、教育专业问题进行平等的交流与研讨；对孩子们的称呼也在悄然发生着变化。教师们对学校、对课堂有了归属感；家长们争相把孩子送到北小，因为这里的老师有情趣，这里的老师很可爱，这里的老师敬业又爱业。

通过情趣教育，教师们在社会环境依旧严峻，教师经济依旧低收入的背景下，在学校这一片并不宽敞的空间里，职业的幸福和成功逐渐回归。教师们以积极的心态面对教育、面对学生、面对人生，找到了属于自己的那一份职业的平静和定力。教师们已经能够逐渐从平淡中发现乐趣；从清贫中享受富足；从细微中悟出博大；从苦闷中找到调适；从浮躁中体悟执著；从苦难中感悟坚韧。北小情趣教师感言：我们敬业而乐业，我们成全着孩子，成全着家长，也成全着我们自己，应该做的也是我们喜欢做的；我们热情、快乐、主动地工作着，于是我们也最有效率地工作着；我们是知识分子，努力追求真知、真理，努力过有价值的生活，争做精神富翁；我们投入、专注于过程，每一个成绩都是一场意外的惊喜，每一个收获都是一份生命的厚礼，“过程”如花绽放，“过程”如虹美丽……

经过2008年“5.12”汶川特大地震的考验，（大邑县是该次地震的重灾区）省教育学院教授姚文忠评价北小教师时说：“志存高远的积极，气定神闲的高贵”正在成为北小教师的集体气质。

学校近年取得的成绩简述：

2006年至今短短的四年时间里，学校教师个人论文国家级奖励的有十篇一等奖获得省市荣誉的有5位，培养了1个省级特级教师，实现了大邑县特级教师零的突破，3个市级学科带头人，涌现出了65个省市县级骨干教师。

2007 年,学校成立市级课题《小学语文情趣课堂的研究》课题组,研究课例《成吉思汗和鹰》《钓鱼的启示》获市一等奖;研究成果受到全国语文泰斗支于恒大师的高度评价。

2008 年 3 月,中国教育学会会长、中国教育界德高望重的顾明远老先生为北小手书“情趣教育,幸福人生”的字幅。

2008 年 4 月 7 日,全国校长发展学校的 150 余名校长代表来到北小。充满趣味的参观结束后,中央教科所毕诚教授提笔挥毫,写下“情趣教育”四个大字赠给北街小学。南京教科所所长刘永和现场点评后充满激情地说:“……北街小学让我们领略到教育的情趣,……”

2008 年 12 月,由四川省陶行知教育研究会组织编写的《守望童心——大邑县北街小学情趣教育初记》正式出版,这不是一本教育理论专著,它展现了北小的发展历程,展现了北小“情趣教育”孕育产生的过程,展现了北小鲜为人知的教育教学故事……它让大邑县北街小学与成都市实验小学、成师附小等有“成都市小学五朵金花”之称的都市名校并肩而立。

2009 年 12 月,情趣教育的研究从独奏走向交响,元兴小学、斜源小学、重庆市两所小学正式加盟。

2009 年 12 月,学校被授予国家级创新作文试验基地校,李颖霞主任代表学校在全国创新作文教学研讨会上以《情趣作文让学生乐写　可写　能写》为题作交流,深受好评。

2007 年至 2009 年 12 月,北街小学被评为全国语文课改示范基地、中国少年科学院科普基地、中国科技馆优秀观察点、四川省科技示范校、成都市课改先进学校、成都市先进教科室、成都市经典诵读示范校、成都市心理健康示范校,成都市模范班组。

连续四年同类学校年度综合评比第一名,社会形象调查家长满意度第一，教师学生精神面貌焕然一新，乐教、乐学的梦想开始有所实现。

五、情趣教育化解教师职业倦怠的反思

反思情趣教育的理念和做法，首先，我们发现最重要的原因正是情趣教育处处从情感的角度出发，作用于心，又回归到心。这是顺应和抚慰人性的策略和方法，它符合马斯洛的人类需求层次理论也符合相关心理学理论。工作是苦役还是享受取决于我们本人的认识。当情趣教育处处用顺应、抚慰、体贴，激发人性的策略和方法培养管理教师时，教师就会以丰富的情感投入教育工作，从中体验到工作的乐趣以后就会在乐趣的基础上再努力学习，努力创新，以期获得更深刻持久的情感享受，形成情生趣、趣生情、情趣互生，情趣共生的良性循环，教师在这种不断提升的职业成就感和愉悦的情趣体验中，最终实现教师生命价值和职业价值的内在统一。

其次，当教师带着一种高涨的、激动的情绪从事教学和思考，就会对面前展示的真理感到惊奇甚至震惊，就会在工作中意识和感觉到自己的智慧力量，体验到创造的快乐。这种创造性工作的过程本身就是产生工作兴趣的取之不竭的源泉。

再次，情趣教育在教师队伍建设方面以创造教师的幸福生活为核心，让老师清醒的自我认识、自我觉醒、自我规划、自我实现。充分认识到工作即生活，工作不幸福就是人生不幸福；提倡一种个性逆向的思维方式，比如学海无涯“乐”作舟，忠言“伴糖”利于行，变“干一行伤一行”为“选择我所爱的，爱我所选择的”。一种重拾教育使命，积极作为的人生理念，比如提出我们很重要，因为我们的手里可以诞生伟人，也可以诞生暴徒；一种自得其乐的生活方式，比如我们提出，不钦羡别人所有，我们努力自己的尊严和幸福。于是，当教师教得兴

致勃勃，学生就学得兴致勃勃，活得兴致勃勃，教师职业倦怠最终在教师职业信仰和职业幸福感的回归中有效得到化解，学校就会生机勃勃，让人留恋。

参考文献：

【1】金忠明，林炊利．走出教师职业倦怠的误区上海：华东师范大学出版社，2006

【2】蓝秀华．教师职业与职业倦怠．《中外教育》第十二期，2003

【3】苏素梅．美国教师的职业倦怠之探讨．教育资料文摘，1995

【4】杨秀玉，杨秀梅．教师职业倦怠解析．《外国教育》研究，2002

【5】《教师职业倦怠量表》为史云静[河北师范大学]编制。该量表是在MBI基础上修编而成，包括情感耗竭、降低的个人成就感、人格解体三个维度，分别对应9、8、5个项目，总共22个项目。量表采用Likert五点量表计分，“1”代表“无”，“2”代表“偶尔”，“3”代表“有时(介于2～4之间)”，“4”代表“经常”，“5”代表“总是”。

【6】(美)彼得·圣吉．第五项修炼．北京：中信出版社，2009

【7】(美)桑德拉·哈利斯．美国获奖中小学校长的建议．北京：中国青年出版社，2007

【8】(美)托德·威特克尔．如何调动和激励教师．北京：中国青年出版社，2009

【9】朱永新．教育科学研究．教育科学研究杂志社，2009

第四章

教育是如此的相似

——英国之行的见闻与思索

“神马不是浮云”

——题记

英国是教育先进国家，基础厚实，制度健全，成效显著。2010年10月26日至11月16日，我参加了“全国小学优秀校长高级研究班学员赴英国培训团”赴英国东伦敦大学培训学习。除了在东伦敦大学听专家、教授讲座外，我们还实地考察了一所小学、两所中学和一个教师培训机构；拜访了我国驻英使馆教育处，参观了牛津大学和剑桥大学；在三所学校跟随当地的校长进行“如影随形”的跟班学习。由此，粗略地了解了英国基础教育的概况。

俄国著名诗人普希金有句诗言：那一切的过往，终将染上莫名的相思。从英国回来虽时过多时，可这种“莫名的相思”却越来越浓烈。再次翻看自己的笔记，尤感亲切和震撼。时下网上非常流行说：神马皆是浮云。可英国之行对我人生的思想观念、思维方式，行为方式产生的冲击却“绝不是浮云”。

在遗憾和期待中抵达

10 月 26 日早上 7 点，我从成都出发，因飞机延误，下午 1 点才到达北京机场。组织培训的机构讲解了出访的主要事项和考察要求。27 日早晨从北京出发，11:30 坐上飞往英国伦敦的飞机。伦敦时间下午 4:00 到达伦敦机场，小客车接我们去了“钱庄”中餐馆，此时为英国时间 27 日晚上 7:00。此刻在中国，是北京时间 28 日凌晨 2:00。

所谓倒时差，今天真实体验了。由于英国正实行夏令制，有 7 个小时的时差。倒时差，让我浮想联翩，我猜很多人和我一样感到神奇！虽然在概念上能够明白地球自转、太阳升落之理，但还是忍不住迷糊，并因这迷糊而感到神奇。无数次仰望星空，直视太阳时的那种神奇感又一次强烈地拍打着我！

用“神秘”“古老”“强大”这些词来形容英国再确切不过了。我踏上了这片土地，不是浅表的观光旅游，而是深度的教育培训。我喜欢这样的培训，它是一次文化之旅。我满怀期待，兴奋地等待着培训旅程的开始。回味英国之旅的第一天真是很有意思。

首先，是“幽默大师”为我拉开那美丽的序幕：飞行途中一共享用两道送餐，一道加餐。中午只有两个选择，鸡肉或牛肉盒饭。晚上牛肉和猪肉，中间一盒水果面包点心的加餐。中午我叫鸡肉，打开一看是通心粉和鸡肉，没有米饭。邻座刘琼瑛校长的牛肉盒饭里有青菜、米饭。没米饭我受不了，等着晚上那餐吧。晚上我就叫牛肉，心想，这下有米饭吃了。晚上恰恰是牛肉盒饭没有米饭，邻座琼瑛的猪肉盒饭里又是我喜欢的米饭。真是“人算不如天算”。她“可怜”我，分一半给我,我吃了,剩半盒的牛肉。运气这东西给我开了个玩笑,为英国之旅引出了一个幽默的开场。有意思！现在想来,人生不就是这样？在预测和努力中行走,结果如何,“运气”决定。

接着是“遗憾兄弟”过来谆谆教诲：不可期望过高,否则自寻烦恼。

我的英语仅初中水平,一些单词凝视半天,皱眉追忆老师当年教学的情景,能够大致了解其含义,而连起来的一句话就完全变成了“鸟语”。临行之前也曾恶补口语,在飞机上看着鸡肉(chicken)牛肉(beef),仍不敢对英国服务生开口。很想体会一下,把自己置于一个完全陌生的语言环境中是什么感觉,同时盼望电视里有 china 和 chinese。于是我和陈红姐约定：一到宾馆房间就打开电视感受语境,并期望能够看到中国的信息。遗憾呀！无论晚上还是早上的新闻里没有听到一个 china 之说,韩国的新闻和商品倒是看到得较多。难怪英国人不够了解中国。

房间里的床垫、被子和枕头很舒服,红姐准备回家对照牌子买,于是急忙去寻找标签。凭直觉,我肯定是“made in china”(中国制造),果然不出我的所料,在商品上找到清晰的“made in china”。红姐还讲了一件事情,她小弟在美国曼哈顿上班带回一个非常漂亮的挎包,标牌是美国牌子,结果在最不显眼处也找到一个“made in china”。现在中国制造出的好东西都出口到国外了,中国人自己享用需要加税,有些品牌国内还没有。自己的劳作自己不能用,到头来为他人作嫁衣。这样的例子很多：成都机场里几个牌子的衣服,打着英文牌子,我以为是英、美品牌,仔细看完其说明材料,原来是深圳宝安区的；diro(迪奥)化妆品在成都双流机场的大幅广告和英国机场的大幅广告一模一样,那飘扬着阳光气息的美女脸孔赚了中国人多少钱？

有激动,有期待,有遗憾,有幽默……英国之旅的帷幕就此拉开。关于今后半月的旅程,我急切的期待着,想象着,难以入眠！

别样的伦敦趣见

静美的伦敦街头

从我们住宿的宾馆出发，穿过著名的泰晤士河、繁华的国王大街和金融城，就到达了东伦敦。金融城林立着驰名世界的英国中央银行，英国高等法院等机构。

静！美！这是沿途给我的强烈感觉。

绿地多，多得让人妒嫉。棕树的叶子绽放着深深浅浅的黄，在阳光的照射下闪着亮光温馨地笑着，轻轻点着头向我们打招呼。湿润柔和的天气，凉意的风轻抚着它们，好像恰到好处的按摩。绿地上厚厚的落叶偶尔被风儿卷起，如同飘飞的蝴蝶，在绿毯上轻舞飞扬。

心神被这大片的绿、柔和的黄抚摸着，没有“悲秋”的凄凉，涌上心头的是说不出的“静美”。我想，如果沿途两边的绿地照片，给朋友家人看了，肯定以为是某处风景区吧！

伦敦街头的建筑古典而庄重，散发着一种说不出的“静”气。伦敦的街道，无论多繁华都比较窄，那是为了保留原有的建筑，不作大规模的改造。著名“鸽子”广场和国内相比简直是太袖珍了，但它记载了太多的历史典故，每一个细节都散发着古老文化的浓郁芬芳。抚摸那些历经几百年风雨的的石像，铁栏，座椅……情不自禁的静默下来缅怀那些古老的传说。于是心静了，动物仿佛也学会了聆听天籁，喁喁细语……

伦敦街头的静美，体现在人上。这是欧洲一座最现代化的城市，什么人种，什么国家的人似乎都能在这里和谐相融。外来者不由自主地融入他们的文化，约束自己的言行态度，尽可能地符合他们的礼仪文化要求。人与人之间保持一种彬彬有礼的绅士淑女状态：几乎看不到国内或电视上美国那些当街打情骂俏的镜头；人们的眼神很少飘忽不定，没有人直视别人；没有人大呼小叫，无论是君子般目不斜视的过路人，还是餐厅里的就餐者，甚至天真无邪的孩子。

传统的英国白人崇尚节制的宗教精神，非常讲究礼节礼貌，行走时目不斜视，眼神端庄；穿着打扮比较正统，衣服质地很好，大衣几乎是男女的主打。没见一个特别娇艳、怪诞的穿着者在大街上走。金融街下班时间的情景如电视里的画面：楼房显得古老、厚重、庄严；行走之人显得端庄、安静、礼貌。

我们穿行的街道两旁坐落着很多英国家庭的住房，看上去每栋楼就像一座低调优雅的别墅，大面积的黄砖和白窗砌成的房屋，多数为 2 层。每座房和邻居相隔一条极窄的绿地，房子靠路方向都有一块小绿地。四周的木栅栏或红色砖面围墙多数没有进行涂漆或装饰，低低矮矮、厚厚道道、朴朴实实地站立在那里。小窗台上往往都有主人培植的各种花卉，或吊篮，或盆栽。它们灿烂着主人白色窗格的窗户，飘逸的各色纱窗唱和着主人哼唱的歌曲，向路人显示他们的优雅和满足。据说每户人家房后的花园才是主人精心打扮的地方。我们很想进去看看，可直到返回也无缘欣赏到；遗憾之余增加一份神秘和好奇，颇觉更有意味。

鬼节看美景

10 月 31 日，英国的“万圣节”。当天早上 9:00，我们乘车到达威尔士的卡地夫城。城中的卡地夫城堡引人注目，也给我留下深刻印象。城堡像一座放大数倍的碉堡，与国内的长城、西安的城墙相似，只是东西方古代打仗的方式不一样，所以结构有所不同。听导游说，那时打仗的目的就是占领城堡，取代对方首领。当地老百姓只管给头领上税，其他的就不管了，打仗对百姓的影响不是太大。

卡地夫城堡外面是一片森林公园，置身其间，感觉到它的古老和辽阔。公园里大面积的树林，橡树、红枫，是我能叫出名的。

层林尽染！惊叹这秋天静美黄叶的隆重聚会。从来没有如此强烈地被满眼秋天的黄叶感动过，这仿佛只能是电视里的镜头！

凉凉的风，清新的空气，眼目所到之处尽是明明亮亮的、洁洁净净的、深深浅浅的黄叶构成的画面：树上的黄叶静静地、湿润润地微笑着；正在飘坠的黄叶就像一群群舞者，优雅地旋转到地上；地上厚厚的黄叶不作声地闭着眼，仿佛在静静享受大地母亲的拥抱，让人满心感动。

偶尔有几株红枫点缀其间，仿佛给黄色的图案盖上一枚鲜艳的徽章……

偶尔看见遛狗、跑步的白人，打扮着这幅美丽的图画。我大声说："好想在这里跑步！"

下午从卡地夫出发，欣赏沿途的田园风光，直到巴斯小镇。接天连地的绿色草坪，舒缓柔软的山坡线条，偶尔的人家小屋，闲适吃草的牛群、羊群、猪群、鸡群……在夕阳的照射下闪着金光，格外的美丽！校长们惊叹连连，何校长说："这就是草原嘛！"赵静说："那一群群牛晚上睡哪里呀？"

中间经过"巨石阵"——英国的一个标志性景点。仔细一看，与国内的云南石林相比差远啦。为国骄傲！

下午到达巴斯小镇，这是英国人的旅游胜地。每条主要街道都有一两个街头艺术家。两个巴基斯坦艺术家的管乐表演，那声音仿佛给人们以灵魂按摩，引人不由得停脚，有人干脆就坐在长椅上不走了；巴斯教堂门前的几个歌者，一会儿电吉它伴唱，一会儿清唱，他们似乎一直陶醉在自己的歌声里；还有一个长得挺小巧的白人站在钢丝上拉小提琴。

当天是“鬼节”，但途中只看到有些人戴着面具，穿着各种怪诞的衣服，没有盼望中的有趣场面。

温莎城堡和大英博物馆

温莎城堡和大英博物馆是每个到英国去的人都会参观的地方，我们也抽时间参观了。真如电视上看见的那样，温莎城堡至高无上、富丽堂皇，精致优雅。它地处山上最高处，威严的俯瞰着，站在它的室内，从它的每一个窗户往外看，窗外美丽风光一览无余。

温莎城堡的美，在于它的和谐，在于它对细节的关注。城堡的建筑用料、外形结构、房间布局、内部修饰，充分体现了当时最为崇尚的美学观点；墙角的小叶片，墙壁上挂的小摆件，过道边摆放的小柜钟，无一不是那个时代的珍品。城堡代表着当时最先进的科技，代表着当时最时尚的艺术。

温莎城堡和中国的故宫，有着相似的背景、相似的建筑梦想，只是风格不同而已。参观期间，情不自禁地对古今中外权力最高统治者作臆想：权力的拥有者，可以俯视人民，过着衣食无忧乃至奢侈的贵族生活。假如王者不穷兵黩武，不残暴百姓，不奢靡堕落，就被百姓当成“好王”了。但凡他们做出一点亲民爱民的善行，一点帮民救民的举动，就被百姓爱戴，被歌颂，乃至把他们当成神般供起来了。

——呜呼！中外古今皆是，多么可爱善良的百姓呀！多少君王又何其愚蠢，面对如此“好哄”的百姓，它们却不知珍惜，偏偏要逆民而行，有的被驱逐，有的被送上断头台，换来的是呜呼一声叹息。

在大英博物馆，我们主要看了埃及馆和中国馆。埃及馆里陈列着最好的木乃伊，详尽地展示了木乃伊制作和保存的过程。穿行在那些躺着的木乃伊之间，看着那些原始的两千年前的裹尸布，心底一种凉意渗到皮肤,淡淡的恐怖感和对死亡的无限神秘感交织和缠绕着我,蔓延到灵魂的最深处。同行的琼瑛校长禁不住说:“有点吓人!”

中国馆里陈列的珍品无一假货,据说英国从我国掠夺的文物是七千件。这是我第一次如此认真地琢磨文物的美丽,并将它们与头脑中保存的记忆相对比:“真品优在何处?特点是什么?”这两个问题让我收获不小!

“国家不强大,自己的宝贝都守不住!”旁边的严春琳校长看我如此入神的观看,在旁感叹道。

“是呀!”我回应着,仿佛有块石头沉重地压到了心底。这是我到英国,第一次如此强烈的感受到旧中国国弱民耻,任人掠夺的屈辱。

参观完大英博物馆,我和同行的校长们的内心都升腾起一种强烈的民族自强感:我们国家科技创新必须迅速突破,迅速强大起来,不让屈辱的历史重演。教育必须肩负起培养创新人才的重任,完成民族复新的使命。

上帝眷顾的地方

我们乘车从曼城到爱丁堡的公路上,窗外的美景让同行的校长们一阵阵惊叹。一位校长说:“真的如书上所说,欧洲,尤其英国是上帝眷顾的地方呀!”

“上帝最喜欢他们,什么好处都给英国……”

“以为原来看的画都是假的,其实人家这儿真的就是这么美!”

从曼城到爱丁堡的公路两边全是舒缓、宽阔、茂盛的草地,穿插其间的是一些高大的树木,弯曲清澈的河流,间或有伫立的房舍、小教堂。一群群的绵羊非常肥大,让人远远地都能感觉到它们那长长的、厚厚的毛皮的温暖,它们仿佛胖得很难动弹;各色的牛群在蓝天白云下安静地吃草……

当太阳最后一抹金色收敛起来,依稀看到黑暗中公路两边草地上的羊群那么自在、懒懒地躺着。我们第一次知道这些牲口可以像野生动物一样，不用主人早放夕赶地辛苦。入夜，那么多的羊，它们仰望星空时仿佛在思考着什么！

上帝眷顾这儿的每一个动物，这儿海鸥的叫声和飞翔的模样让我们迷醉；这儿的海鸥好像比海南的大而集中！绅士般的大雁；站着像大鹅，飞翔时像精灵般的天鹅；小巧而不怕人的活泼的松鼠……如此美好地陪伴着人们，也点缀了我们的行程……

上帝眷顾，于是造就了曼城150年前的辉煌，参观曼城时总有一个感觉，他的每一个细节都在叙述着维多利亚女王时代（1837—1901）称霸全球的荣耀。

为了显示那份荣耀，于是曼城的“mosi”的布置非常古朴，尽可能保留历史的真实。各种墙壁，道路维持原状；走道两边的红砖墙被无数的人和风雨触摸得光滑发亮；铁路、火车、仓库保存完好。参观者情不自禁地仰视、敬佩。

为了后继有人，博物馆专门设计了学习室，凡是学生来参观，都要在学习室里听取博物馆专业人员的介绍。有的展区里还有一些工作人员装扮成100多年前的工人、工程师模样为孩子们演示和讲解。不知他们的教科书和我们是否有“民族复兴”的内容？

上帝对他们是多么的仁慈，连私奔者都能获得厚爱。途中经过一个有趣的地方，叫“GRETNA GREEN”，俗称“铁匠铺子”，也称“私奔者的圣地”。据说，英格兰的热恋情侣如果遭到父母的反对，他们中一些人会私奔到这个地方——从英格兰进入苏格兰的第一个小镇。他们会在铁匠铺里打制两个铁制戒指，请一个村民作证婚人，在小镇上的教堂里举行婚礼。从此，谁也不能拆散他们，他们的父母也不得不承认他们已婚的事实。直到现在，这里也是情人举行婚礼的好地方。

联想到《大国崛起》中关于英国的一句旁白：18、19 世纪海上霸权和科技实力第一，确立了英国的世界霸主地位，20 世纪美国取代了它，崛起成为世界的新的霸主。英伦帝国头上的太阳已经西斜，昔日贵族的辉煌开始没落！联想到英国的经济危机，英国教育的经济窘困，联想到报纸上说 23% 的英国人希望迁到其他国家定居的调查；如果上帝真的存在，难道上帝也是善于移情别恋的，他现在已经不再眷顾英国？他又何时眷顾我们中国？

有记号的约克大教堂墙砖

那天去约克大教堂时，教堂门口的警察歉意地告诉我们不能进去，因为这里上午举行政府的大型纪念活动，下午才可以参观。仰望着眼前宏伟、古老、壮观的哥特式建筑却不能进去一睹其芳容，真遗憾。围着教堂转了一圈，足足用了大半个小时。教堂的宏伟让人惊叹，眼目所及之处的雕刻庄重而精致。它的建筑史更是让我们叹为观止：教堂的修建居然历时 250 年，每一块墙砖全部有深刻的记号，记载着墙砖砌入的年月和石材选至的采石场。地面砖块同样如此，而且每一块砖和牛津大学的街砖一样，全部是大小一致的石条竖着嵌到地基里。正因如此，它的地面经过了千年的磨损，越来越光洁，也越来越结实。

徒步返回途中，迎面而来一支长长的队伍。最前面的是一个军乐方队，方队全部由年轻的白人士兵组成，鼓鼓的腮帮，雪白红润的脸庞，高高的头冠，大红的衣服。高亢嘹亮的管乐声，整齐有力的步伐让我们不由自主地敬重，一种庄严之感漫上全身。

第二个方队显然是空军队伍，士兵的那份帅气精神自不待言。其他方队分别是海、陆军队，学生队（童子军团），还有由二战老兵、功臣，个别二战遗孀组成的一个方队。队伍末尾有一男一女两个漂亮的金发男孩、女孩。

听路人说，这是约克政府纪念二战胜利的游街活动。同行的陈老师说："其实这就是人家英国式的德育活动！"是呀，大人庄重地在乎什么、纪念什么，孩子自然就记住什么、在乎什么、尊重什么，德育目标不就在这样的活动之中无声地实现了吗？英国文化的传承不就像有记号的教堂墙砖般历旧弥新吗？

坟墓居然在市中心

世界上有两样东西是我最恐惧的，一是坟墓，二是蛇，两者都给我阴森森、冷冰冰的彻骨惊悚感。小时候住在农村，房后一片树林里是整个村子的死人坟，大大小小的土包里掩埋着腐朽的棺材。时常飘舞的挂坟钱，未亡人的嚎哭，夜晚的如豆绿光，露出地面的白骨，大人嘴里代代相传的鬼故事……这一切伴随着我的童年恶梦，长大后住进县城，这阴影也挥之不去。

伦敦城里有一怪：坟墓居然在市中心地带。随行的翻译人员在介绍风土人情时已粗略讲过，提醒我们不要大惊小怪。可我还是不由自主地满心疑问。车行伦敦、约克、曼彻斯特城市时，总能看见车窗外街道边上一大块的墓地。墓地和国内差不多，但没有围墙，好像是随意散落在街道边似的——其实是有很细致的管理办法的。墓地里的每座坟墓占地面积不大，碑上刻着名字和像片，坟与坟间距不宽。和其他绿地一样，满地黄叶，时而随风飘舞。

据说，英国人相信死亡即是进入天堂，所以让已亡亲人在自己身边。这对我来说是一种观念上的颠覆！观念归观念，即便理智上同意，但看着满目坟冢，还是禁不住的心情凄凉起来。碰巧两次路过坟墓时都下雨，稀少的行人，阴霾的天气，童年的阴影拂过心灵，后背感到坟墓袭来的一阵阵凉意。

出乎意料的几个现象

海德公园里有戴安娜王妃的纪念园,有世界著名的演讲角。戴安娜王妃园现在被评为英国最糟糕的公园景点,而演讲角也不像原来意义上的自由演讲的地方了。只有每周星期天可以演讲,其他时间谁站在台上或凳子上就会被警察带走。自由演讲在英国这样的西方民主国家也受到如此极大的限制,真是出乎意料。

海德公园里的仙鹤广场,雕塑着一只仙鹤。仙鹤的身躯是一个封闭的储钱柜,柜口是一个只能投下硬币的口子。当地政府希望为孩子们建一个儿童乐园,想出了这样一个非常有意思的捐款方法。仙鹤的颈下开着捐钱口子,旁边一块小小的石牌上写着:如果你想与仙鹤合影留念,请往口子里投币!石碑后面说明捐款的用处。围着仙鹤的地面是几轮用不锈钢镶嵌着的圆圈,每一小块不锈钢片上雕刻着捐钱人的名字及生平简介。无人监管,完全依靠自觉,据说效果却出乎意料的好!当时我们就看见一个年轻的母亲抱着孩子,掏了一块硬币投进了雕塑口子后,才让孩子和仙鹤合影。

伦敦是一个很守旧的城市,这更是出乎意料之外。他们的市民大多数还在使用我们早已淘汰的录像带、录音带,城里的出租车也是两百年不变,就是那种黑色的老式的“福特”车。汽车司机和市民的修养达到了难得的程度,各种现代的城市交通监测、排障设备已很发达,警察采用的是片区警察全面管理的“大警察”制,不分交警还是其他警种。如果哪里发生交通问题,该区警察就会前去。这儿的交通确实令人称道,除了没有交通警察,红绿灯的设计也“以人为本”。行人过街道时自己按行人绿灯按钮,司机会立即停车,并点头微笑,向行人致意,行人也彬彬有礼地摇手致谢。他们这儿的司机好像都是慢脾气,整个街道车速都比较缓慢,堵车时他们往往是悠闲地听音乐、吹口哨、玩手机游戏,单手发手机信息。这和国内司机心急火燎,动辄骂娘的状态有很大差别。

神圣的牛津学院和剑桥大学

古老的牛津学院

牛津大学的历史美感和为英国及全世界所作的贡献让世人都无比的向往,能畅游其间倍感荣幸,它的很多细节深深地打动着我们。阳光特别明媚,凉凉的海风轻拂着,古老的学院仿佛一个几百岁的老人,智慧和蔼地注视着来来往往的人们。远处的草地上有许多男大学生在打一种多人合作的网球。我们穿行在学院之间的大道上,来来往往的人多数是白人,少数是其他人种,有的白人推着自己的小孩和朋友边走边聊。这里的白人显得特别有教养,特别漂亮、特别高挑,传说中的绅士、淑女风范在这儿散发出迷人的气息。随意注视一下身边路过的白人,他们都像电视、电影里的明星似的。好像世界上头脑、外形卓越的人都能在这儿看到。

一个特别高的白人少女,足足两米,穿着拖地黑色长裙,雪白的皮肤,黑色的衣服,黑色的长笛盒,金色长发,旁边一个金发男孩,他们在靠左的城墙边上慢走着,微笑着。古老的灰色墙壁衬着他们俩,仿佛一幅流动的人物画,简直漂亮极了。人可以扮靓城市,扮靓古堡,给它们以灵气与生机。我陶醉!

剑桥大学中的中国诗句

剑桥大学就是剑桥城,它和牛津一样是无围墙的大学。

剑桥大学一共培养了 397 个诺贝尔奖获得者,最近这期的科学奖得主也在此校，霍金也在此学校任教。仅就这些能一下说出来的名字，足以让所有参观者敬仰，不由自主肃然起敬。

我们看到了达尔文学院，看到了牛顿就读的国王学院，还看到了牛顿的那棵“伟大的苹果树”。大学里的资源共享达到了比较理想的境界。比如，数学系的学生无论在哪个学院，可以在任何学院里借用最好的硬件环境和教师资源进行学习。

剑桥城的街道窄小，尤其相对于国内街道，可以用非常窄小来描述了。但是它的每一栋房子的岁数几乎都可以上朔到几百年，说不定哪个门扣就是哪个伟人曾经使用过的。众多雕刻在叙说着一个个曲折动人的故事，无声地宣告着某个改写社会、改写历史的重大事件。

剑桥大学的八个学院临水而建，学院都有通向剑河的林荫大道。我们看到了数学桥、国王学院大桥，它们都是白色的石拱桥。当年徐志摩在这儿留连忘返，创作了举世闻名的《再别康桥》：“轻轻的我走了，正如我轻轻地来；我挥一挥衣袖，不带走一片云彩”。这句话镌刻在国王大桥旁边的一块白石头上，用的是流畅的柳体中文。河上有学生、游客划着木船游玩。与牛津大学一样，这儿进出古老木门的学生、教授气质高雅，模样帅气，人类的精英之感很强烈。

据导游讲，今天我们所见的情形和徐志摩当年见到的情形是一样的，牛津、剑桥几百年来在外形上故意保持他的历史风貌。秋叶的黄，天空的蓝，云朵的白，投射在河里，轻轻划动着前行的木船，啃草甩尾巴的白色牛群，漂亮的学生，叙述着古老传奇的哥特式建筑，飘散在空中的钟响……两所大学无处不是画，我们在画中游！夕阳的余晖洒在我们身上暖暖的，仿佛是历史人物的微笑祝福！

别样的伦敦人

在伦敦有这样的传说：在苏格兰的传统服装中，男士穿苏格兰式格子裙，且不穿内裤。据说此裙来源于对一战时期的一场胜战的纪念。网上有这样一个画面：风吹起，一群苏格兰男子被风掀起裙子，露出一排光屁股。这个好奇，我一直带回了国内：他们真的不穿内裤吗？

在伦敦有这样的小床：宾馆的床都很窄小，长度不到1.8米，被子也很窄短。英国人的平均身高、体重远远超过中国人，还有那么多足足有我们两倍身材的胖子，他们睡宾馆时怎么舒服呢？

在伦敦见这样的购物情景：购物村里，人很多很多，却不吵闹——不像国内的商场那么吵。因为人家都养成了小声说话的习惯，不打扰别人，成全着良好的购物环境。

在伦敦有这样的婚礼：新娘很漂亮。参加祝贺的女宾个个穿得花枝招展，再胖的女人都穿着紧身的鲜艳发光的低胸礼服，雪白的肉，肥肥大大的胸脯，鲜红的唇，开心的笑容，装满了整个大厅，热闹而亲切。男士穿着比较随便：年轻者穿着很鲜艳的花衣服，戴着花环，活泼温馨；年老者穿着衬衫和西服，但没系领带。英国人的婚礼是如此的鲜亮！

在伦敦见这样的老人：透过百页窗射进房间的阳光，照射在胖乎乎的给我们讲课的白人老师身上。我第一次如此近的观看白人老头，他穿着一件白底红杠的衬衫，粗糙的白皮肤，凸着的肚子，白、黄杂生的头发。他的讲课很不错，条理清晰，例子鲜活真实，思想深刻，语言有感染力，神态亲切，自然幽默。

在伦敦有这样一个关于校长的故事：

母亲：醒来吧，去学校！

儿子：我不愿去。

母亲：你给我两个不愿去的理由！

儿子：小孩太糟糕，教师给我压力太大。

母亲：别傻，出发吧！

儿子：给我两个理由为什么要去？

母亲：今天是新学期第一天，因为你是校长！

让人艳羡的师生比例

充满好奇的孩童

11月3日下午参观了一所小学，名称叫 Pickhur school。350个孩子就有50个教职工，1∶7的师生比再一次让我羡慕。这个学校属于本次提供的三个层次学校中较差的，它的生源大部分来自贫困家庭，收入较差，教育背景较差。我们和孩子们接触中明显感受到与上一所学校的不同，这儿的孩子黑人居多，模样也不像前者那样聪慧、灵气和阳光。当地有一家报社派了一个高高大大的黑人记者拿着照相机给我们照相，据说要将我们来访的新闻登报。看得出来，这儿的孩子很少见到"外宾"，我们的到访给学校增添了一丝亮色。

女校长长得特别健康高大，金色的头发束成马尾，随着她走路一摇一摆，脸上红通通的，开心得老是"咯咯"笑的表情让我们感到她的热情、快乐和激动。

孩子们几乎都能怪声怪气地说："您好！"好奇而活泼的眼神和我们那儿的孩子见着外宾时一模一样。孩子们个个都很开心的模样，嘴里喊着"中国人""您好"的声音交织着感染着我们，我们不停地和他们合影，摸摸他们的头，也开心地笑着、交谈着。

想到我们参观的上一所学校孩子们强烈希望我们给他们表演太极拳时的情景，突然如此真实感受到：天下孩童都一样，天真活泼，好奇好问，纯真无邪，友善真诚！

学生组织的家长开放日

11月5日上午参加了一所学校的家长开放日活动。这所学校是一所私立学校，从一年级至高中三年级，一千人左右。

学校的木门、木楼上都有精致古朴的雕刻，给人一种沉静厚重的历史感。宽阔的运动场上绿茵满地，高大结实的高中生、初中生正在草地上运动，有的打球，有的跑步。他们或雪白、或油黑的皮肤在阳光的照射下闪着亮光，扑面送来生机和活力。

活动全由学生组织和带领。两个白人女孩，一胖一瘦，都是高三学生，很活泼、单纯的模样，一个说一个笑，轻松愉悦地解说学校的历史，带领我们参观各个功能室的情况。翻译说，他们这儿从小就要训练学生的交际能力，越是好的学校，越重视学生交际能力的锻炼。这两个女孩没有国内学生的那份拘谨，显得轻松，介绍的语言也没有很强的书面化，我们也跟着轻松起来。

整个参观过程，处处唱主角的都是学生，少数几个教师好像成了助手。整个活动组织也有些瑕疵，但因为是学生组织的，学生参与的，家长们都很放松，也很投入，也很满意。

印象深刻的两所小学校

11 月 8、9 日这两天都是深入学校参观访问，Warren Road primary school 和 molling han Primary school 学校给我留下了非常深刻的印象。这两所学校都在伦敦的五区外，吸收的多数是白人小孩，几乎都是家境比较好、能够购买郊外别墅的家庭的孩子。（见照片 4）

他们这儿几乎都是就近入学，学校硬件（小学部分）全英格兰几乎都是均衡的，师生比也几乎都是 1∶7～1∶10 之间，每个班不超过 30 人。学校的经费由政府按学生人头下拨。基于地域经济发展水平，两个学校的人头经费每年相差 2 300～3 000 英镑。有些学校可以多种办法创收，如第一所学校，他们可以利用学校功能室和教师资源开展社区成人培训，加上学生开小卖部、家长捐赠等形式，每年可以多收入50万英磅。这两所学校经费就比较紧张，校长坦言，很多事情想干也没法干。

照片4　在英国一所小学合影(最后一排右起第四个)

看得出来，他们校际间的交流不是很充分。一个校长询问我们其他学校的情况，有些情况她好像很不了解的样子。

英格兰小学教师的管理和国内差不多，必须是大学本科毕业，并利用一年时间专门到大学里学习心理学、教育学，经过考试获得教师资格证，方能参加应聘。小学全部实行包班制，即教师办公室在教室里，包揽本班学生的生活、安全管理以及英语、数学、历史、地理等学科教学。每班或每年级配备一定数量的助理教师，专门负责特殊学生的教育。学校外聘一些专业教师对学生进行特长培养，如钢琴、跳水运动、画画等，包班教师也要跟随学生进行管理。

校长对教师有实实在在的评价权、辞退权，但这种情况很少发生。目前，在英格兰愿意当小学教师的并不多，因为他们的总人口少,就业机会总体较多。这两天我们所看到的两所小学,女教师占绝对多数。头天参观的学校只有包括校长在内的两个男性,第二天的学校也只有5个男教师。教师年龄普遍偏大,几乎没有年轻教师,很多中年教师也不是年轻时就做教师,有的是经历了多种职业或把自己孩子哺育大了才来教书的。

两天来,我反复思考:英国教育与国内教育相比,不同之处在哪里?哪些值得借鉴学习?

教育不是孤立的。它依托于社会、文化、政治、经济,任何经验必须要基于现实的思考和行动才有意义。

这两所学校对家长的资源利用情况非常值得学习。头天参观的那所学校校长定期与家长对话,听取意见;建立全校学生的电子档案,定期向家长公布,校长能清楚每一个学生进步情况。特别是,当地政府为所在区域学校选拔、派送社区义工,每天到校服务一个小时的机制值得借鉴。

在目标中行走的学校

11月12日上午考查的这所学校叫 Bedonwell primary school。学校的校长是一个中年女性,常务副校长也是女性。在学校就读的孩子3~7岁,分为5个年级,每班学生不超过30个,一共350人左右。每个班配备一个包班教师,一个助理教师。在校长的带领下,我们观看了每一个教室和功能室。孩子们在上课,每班教室里有两个教师(有两个教室里是3个老师)在忙着。

这所学校的两个特点值得记录和学习。

一是学校的目标管理法。每个教室在最明显的地点贴着学生行为准则,分为黄、红、绿三种颜色。这些准则特别细致,红色字迹标识的是绝对禁止做的;黄色字迹是提醒注意的;绿色是倡导做,并要做好的。

每个教室的电子白板(相当于黑板的功能)下面贴着两张纸。一张红色的纸上写着本周本班同学学习应该达到的水平,一张蓝色的是科学或其他学科应达到的水平。

这种举措让教师和每个孩子都知道自己每周每天的目标是什么。校长一周至少巡查教室一次,通过询问学生了解目标完成情况。

二是落实家校联系。学校设立一个部门,叫"家校联系处",专门负责帮助家庭有问题的孩子。听校长和负责人讲,他们正在利用政府、社区的资金支持修建一所儿童家庭帮助中心,由学校管理使用,主要用于帮助需要改善家庭不和谐状况的孩子,如家庭父母下岗,中心帮助他找工作;父母吸毒或不关心孩子,打骂孩子,他们要介入对孩子的管理。他们的这一举措,把国内要求做到的"家庭、学校、社会"三结合教育网络建设落到了实处。

让人艳羡的师生比例

10 月 29 日上午我们去 mocimg han primary school 学校访问。学校 850 学生,138 个教师及员工,师生比 1 : 7 左右。仅此足已让我艳羡。我校 2030 人,97 个在职教师,师生比 1 : 20。

正如所看书上说的,他们的特点在于小学教师采取包班制,包班教师全天跟随自己班级,办公室也在教室里。每年级为每班配备相应的助理教师。助理教师负责学困生和协助包班教师。

校长待遇 10 万英镑,教师 3 万英磅,助理 2 万英磅。明显的差距,众人皆知的差距。跟国内相反,国内校长谁敢比教师多拿多少。

教师待遇,学校环境对我来说都不是最有吸引力的,他们 1 : 7 的师生比让我艳羡不已。

他们和我们如此相似

“保守”也是一种美丽!

年龄增长的好处就是不断地发现自己原来的观念有些是有问题的,有些是错误的,有些是片面的。

世界万物的现象和本质越来越如此清晰地展现在眼前,“成熟”也许就这样开始靠近我,启迪我……

原来一听说“保守”就认为它肯定是落后、固执、不进步、不富有现代文明特征。“保守”被视作贬义词,不知何时头脑里已固有“保守”者的外貌,简直就是“套中人”的样子。

可是,英国人的“保守”真的令人叹为观止,他们“保守”得这样快乐、美丽。

伦敦街头的出租车够保守:黑色的外观,拱起的顶部,吉普车式的形状、白色的座垫……这种出租车的名字叫“福特”,还是 100 多年前第一辆出租车的车型,形状、色彩一点未变,据说内饰也完全不变。它们慢悠悠地行驶在街头,招手即停地与人方便,功能当然是不变的。

英国人的服饰够保守:男士最精典的打扮是帽子、带钩黑雨伞、大衣、围巾或风衣、皮鞋。女式穿着真像电视里演的,不管天气冷热,不管年龄大小,都喜欢穿丝袜、裙子、大衣。很少看到女性在头发上搞花样,几乎没有看见一个女士在头发上挂、贴各种装饰品。小女孩的头发也是很顺头发之意,不戴任何头饰,或长发披肩,或剪短,或一束马尾。就那么简简单单,没有任何花花绿绿的装饰。

英国人的建筑够保守:伦敦的街道整个给人的感觉都是比较窄,就是最繁华的牛津街、摄政街也只有成都春熙路的不足三分之二那么宽。那些房子的年龄可谓老也!曼彻斯特的政府办公楼、伦敦的议会大厦都是石头砌成,都是100多年前已经作为办公地方的建筑,居民住宅也是100多年的建筑。百年建筑比比皆是!

更有趣的是:牛津大学城街道还保留着800年前的石头路,处处可见的几百年前的教堂,走在其间总有一种穿越时光隧道与古人交流之感。

英国人的电视机更是离谱地保守着,导游告诉我们,不管是伦敦人家里,还是宾馆里的电视,不一定都是现代超大平板液晶电视。很多人家都还用着很小的电视,重重的、黑黑的国内十年前的那种,很多人家还在使用我们早已淘汰的磁带录像机、录音机……

前后在英国住了七八个宾馆,果然不出导游所言。电视节目也不像国内有几十个频道可任意换台,一共就四五套节目,新闻就占两个频道。电视机的样子确实像我们淘汰的那种,黑黑的外壳,笨笨的身体。

有人打趣说,英国人是昔日的贵族,他们用这种方式缅怀十九世纪雄霸一方、日不落帝国的荣光。遥想当年英伦帝国的咄咄逼人,触摸已经被蹭得发光的古建筑,看着街头商店、家门口悠闲的白人。我忍不住发问:他们是不是更加智慧地淡泊起来了?

保守——保住自己的尊严,守住恒久不变的价值。

"保守",何尝不是一种更高明的前行?

保守,也是一种美丽!

真的需要这么勤奋?

"勤奋"是褒义词还是贬义词?在我们小学课本里肯定有这种

测试题。“勤奋”是褒义词，相对的是懒惰。英国人的眼里，翻译的嘴里告诉我们，它是中性词。

联想到西点军校的一个小故事。一日哈顿将军选士兵时出题进行考试，题目中出示“愚蠢、聪明、懒惰、勤奋”四种品质，问拥有其中哪两种品格的人作为被选人员？出乎意料的是他最痛恨的是“勤奋、愚蠢”组合类！相较之下，他认为“愚蠢、懒惰”的组合还能接受些！

“勤奋、善良”不是我们中国人一直标榜和坚守的优秀品质吗？哪里出了问题？

在赴英之前，我对愚蠢的勤奋是不赞同的，本次更加深了对“勤奋”的深刻理解。

和国内相比，伦敦普通人是懒惰的。他们的所有门市、店铺晚上 8:00 后一律关门休息，只有卖汉堡的晚上营业。酒吧是一夜开着，但那是供人消闲的。

周末和周日，最繁华的牛津、剑桥街区的服装店、糖果店要 11 点才开门营业，周末 4 点关门休息。漂亮透明的橱窗里陈列各种商品，络绎不绝的游人想买也只能望物兴叹。人家的观念是：赚钱不是目的，享受生命才是目的。

凡到大学参观访问，教授绝不大肆铺张。中间休息是必须的，下午 3:30 结束也是必须的，一个下午喝咖啡、吃点心三次也是必须的。

所到小学，下午 3:30 放学这是雷打不动的。教师绝不加班也是人家的权利，孩子晚上回家几乎不做无休止的练习题也是孩子的权利、家长的愿望。

陈雪梅校长是安徽合肥市实验小学的校长，她讲了一个像笑话的事实。按省上要求，她们那儿邻居的学校派出了一个英语教师到英国教书一年。一年后这个教师回来，一反常态，过去是经常加班、劳作不止，颇受校长赞扬。回来后，她直言不讳地向校长和全校宣告：自己绝不加班，星期六、星期天别让她到学校，这是她私人时间。她认为自己只要在上班时间内高效率工作就行了。

同行的翻译讲了他的一个同事。他刚到伦敦时每天无休止地背书、看书，挑灯夜战，结果发现人家英国大学生不是他那样。人家打球、恋爱，成绩照样和他差不多，创新的点子还比他多。

苏格拉底说："悠闲出智慧。"真的吗？但在国内，学生不勤奋得手磨出茧，屁股坐得痛出毛病，又怎么能考得上好大学呢？

看起来，我们的教育应该弄明白几个问题：应该弄懂为什么勤奋？哪些方面值得勤奋？如何做才是聪明的勤奋？

为什么不可以躺着学？

去几所学校深度学习期间，每天穿行于他们的教室，有时是听校长讲解，有时就坐在教室里听课，有时是随意地在教室里、操场间走走。

所到学校都有一个特点：不作特别的安排，也不设欢迎的标语，不举行仪式，完全不改变当天的行课、活动安排。教室里，电子白板代替了黑板，小组五六人的合作桌代替了秧田式的课桌摆放。

高年级上课时，教师对学生要求比较严格，一个上课教师在前面讲，一个辅导教师在后面站着，学生大多能维持较好的秩序。低年级上课时，有的孩子喜欢躺在地上，一会支起身子，一会儿趴下，我们一不留心就会踩着他们。

原来，他们对孩子的学习强调的是快乐、有效。由于每个教室都有暖气、地毯，所以学生躺着学习也是一种可以允许的方式。（见照片5）

幼儿园和小学低年级的孩子大多喜欢在草毯上爬，教师也允许。联想到国内，所有孩子整天两手放在桌上，腰背挺得笔直，正襟危坐的样子，不禁替孩子向教师质疑：我为什么不可以躺着学？

照片5　趴着学习的孩童

净、静出来的优雅

干净，这是英国之行给我们的强烈感受，真如原来出国回来的人所言，几天皮鞋没有灰尘。由于所到之处很少搞新建，每个地方绿化面积很广，灰尘几乎很难生存。岛国雨水较多，很多树叶就像被洗过一样干净、清爽。

我特别揣摩了一下它的“静”：静的状态是什么样？什么原因造成的“静”？

城市与“静”如此地亲密相伴是我的强烈感受。怎样描绘呢？我们就是如此强烈地感受到伦敦、约克、爱丁堡的静气，不急躁，彬彬有礼，喁喁低语。

此“静”源于它的建筑。古老的建筑用材几乎都是石头，传递着“山无语而自高，地无言而自厚”的千古表达。

此“静”源于它的房间的内饰。所到之处的房间几乎都用地毯，地毯有很好的吸音效果，地毯的材质、花纹大气而好看。

此“静”源于它对文明的理解。不打搅他人，不给别人造成不必要的难受是起码的公共相处时的基本礼仪。整个20天时间里，见到的英国人几乎还是按着“绅士、淑女”的要求生活着，几乎没有看到大呼小叫的人。他们非常节制自己的行为，这么多天很少看到当街热吻、拥抱、亲热的恋人。

此“静”的根子在教育，在幼儿园、小学的一节节课堂里，在一个个活动里，在一次次的校长训话里。

英格兰、威尔士的国家地区课程目标里有一项“公民教育”目标，相当于我国的德育目标，国家定期进行督导评估。可敬的是，他们是实实在在的做；上级是实实在在的检查评比；家长、社区是实实在在地监督。

我看了他们的幼儿园到小学六年级的教学，“学会聆听”的教育几乎贯穿到每个教师的每个教学行为之中。

别人表达时，其他人绝不说话。表面看来，他们的课堂组织形式很松散，教师往往喜欢让孩子团团围坐在地毯上，教师坐在中间，坐的姿势也没有严格的强调。但仔细看，就发现他们都在遵守一种秩序，即学会聆听，尊重他人。有些小学生的声音非常细弱，讲起话来颤颤抖抖，但其他小朋友不急不躁地听，即便最调皮的，也不会说话，或发出声响，最多就是眼睛到处转，手里抠抠笔之类。

教师们在交流的时候也是如此，该谁说了，其他人都微笑着看着他，耐心听他讲。

有意思的是，我们校长自己在参与讨论时，一开始都改不了坏习惯。遇到感兴趣的话题激动起来就抢着说话，一个比一个声音大，有人感觉没人听，便急急地用眼神拉住身边的一个人当听众。结果真像“吵”似的，谁的意见都未听个全面、清楚。

经陈老师点拔，再看看人家校长、教师优雅的倾听状，便收敛起来，以后几天里我们很快学会了倾听，耳朵好像特别好使起来。

表达是一种实现，倾听是一种关怀。我们应该教会学生如何去倾听山水自然；如何去倾听灵魂身体；如何去倾听朋友亲人；如何去倾听意见思想；如何去倾听……

“倾听”的姿态展示出一种优雅的“静”气。因为这份“静”，听者有收获，讲者有快乐；因为这份“静”，所到学校给人的感觉是修养，是关心，是文明，是礼仪……

这些学生经过六年、十年的训练走到社会上成为公民时自然就是有“静气”的了。为此我说，“静气”的根茎在教育，在学校。

英国人的“净、静”出来的优雅，真的值得我们学习。

最应该觉悟的是家长

20 多天的深度英国教育考察，最大的感受是他们和我们，乃至全世界都面临着同样的教育难题：教育公平问题，应试教育问题。值得我们佩服的是他们的“全纳”教育的真正实现，也可以说是“因材施教”的到位。

即使发达的英国，也无法实现真正意义上的教育公平。教会学校、富人区学校的学生所获各种资助高出其他学校很多。这些学校学生都可以获得最良好的教育，人生进入良性循环的轨迹，享受富足的生活，最典型的可推伊顿公学。穷人区是很多黑人较为集中的地方，学校教学质量习惯般很长时间排名靠后，再出色的校长也很难改变其现状。

“考与不考”这个问题在国内处于胶着状态，让人心灵纠结。在英国同样如此，“不考就乱，一考就死”同样或轻或重地在英国不同区域体现着。

15 年前，英国引入中国的学校基础教育管理机制，采用考试的竞争办法，每年还要向全社会公布学校在全国的排名。新的政党上台以来，有许多学校联合反对“考试”，意图取消考试，但访问中，也有部分校长坚定不移地同意考试，支持考试。

我们发现，英国的家长是促成教育良性发展，不忽左忽右，不乱折腾学生的主要因素。

每个学校奉行“健康、快乐、安全”的价值观，而家长是有力的监督者，不管你国家怎么考，家长是要坚持根据孩子的学习规律让他快乐成长的。一旦学校给孩子的压力过大，让孩子每天做机械练习，没空玩耍的话，他们会找学校理论的。

所到的七所学校的校长、教师几乎都把孩子的快乐指数放在首位。这是顺应家长的，也是学校自觉自愿的。

因为家长，也因为教师的“快乐教育”价值观，考试的弦绷得再紧，考试成绩再重要，所到学校还是会坚持让学生获得丰富的活动和快乐的学习体验的。

无论是追求公平的教育，还是正确地对待考试。这两者都应是家长最关心的事情，也应该是家长坚持不变的价值诉求。

相比这下，国内的家长往往忽略了自己的责任，一味地随波逐流，一味追求成绩，一味地听学校的，甚至把孩子丢到学校就不管的现象太多了。

种瓜得瓜，种豆得豆。家长们只看分数，给孩子的是功利，甚至急功近利，或者是不负责任的所谓“顺其自然”，收获的肯定是失望和失败。

为此，我认为：最应该觉悟的是家长。家长应该对学校心怀感恩的同时，主动积极地参与到教育中来，督促学校，与学校一起共同按照素质教育的理念，遵循教育的规律培养教育孩子。

教师可以坐着上课吗？

国内很多学校管理都趋于一刀切、整齐划、效率化，像军队。上课时，教师必须站着上课，学生的手肘必须抬着放在桌上，腰杆必须挺直。

教师站着上课是作为教学常规检查的主要内容之一，我有过质疑，但从来没有改变这个教师考核办法。英国教师考核中没有这条，他们在教室里上课也比较自由，完全由教师决定自己上课的姿势。

我想，教师不可坐着上课，是把课堂作为教授和学习的场景，教师可以坐着上课，是把课堂作为生活的场景。这反映了不同的学习理念和教学理念：坐着上课，把课堂看成了生活的一部分，把学习看成了生活的一部分，实现生活中完成学习，是一种自然的生活法则。不强求于生活之外的学习是轻松的，是愉悦的。不可坐着上课，一种硬性的规定。在一本正经的中透视出课堂的低效率，折射出课堂的难管理。它的背后就是教师的太辛苦和学生的太多，站着也是很难改变的。同时，站着上课能把中国千年的教师形象传承下来，认为这样很好地确立教师的地位。可见，不可坐着上课，它背后的因素实在太多。管理者那种强制与无奈是关键。

看来，这个问题很实在，很细小，但很值得探究！

见天吸烟好不好?

一切皆关乎教育！就拿抽烟来说,可以说出一大堆教育之理来！

英国伦敦规定,吸烟者必须在室外才能吸烟,简称为：见天吸烟。这与我们中国规定恰恰相反——我们必须到吸烟室吸烟。伦敦之行刚开始时,每每看见街道上吞云吐雾的吸烟者,我从视觉和心理上感觉很奇特,很不舒服。这种吸烟规定让吸烟者大白于天下,无遮无拦。哪种方式更好呢?转而一想,世界上又有多少事情是无法辨别优劣的呢?只不过是习惯而已！比如英国人的汽车方向盘在右边,行人靠左行,车辆靠右行,这恰和国内相反。

反思我们的行为方式,有些只是特定环境培养的某种习惯,继而放大成为一地一国之风俗,又何来优劣,好坏之分?此次的教育之旅再次证实：完全学习西方,乃至完全的西化之行为是多么的可笑、可悲。当我们失去鉴别力,守不住自己的民族精华时,邯郸学步的故事就会屡屡重演！

教师能不辛苦吗?

上次去台湾我带着的最重要的一个问题是,台湾教师的负担重不重,辛不辛苦?记得当时我提出这个问题时,引起了会场上很多香港、台湾同行的共鸣,他们的回答都是："教师很辛苦"。

这次我赴英国也很关注这个问题,得到的答案大致相同,英国教师也辛苦。据我的观察,英国教师工作量很大。他们每周工作五天,上课三十节左右。由于采取包班制,每个教师每天从早上到下午基本都泡在教室里,他们没有教师办公室。英国没有统一教材,教师自己编教材、讲义,复印后发给学生。用英国校长的话说：教师是满负荷工作。从薪酬来看，教师工资在同地区与其他行业相比较的差异和国内差不多。

值得学习的是，英国上下班时间界限分明，责任清晰。明确规定：任何学校和学生不能占用教师业余休息时间。教师不会答应学校非自愿的加班要求，也绝不利用自己的权利做任何赚取学生钱财的事。英国教师没有课外有偿补课的情况，他们的公私分明让我们敬佩。

教师工作肯定是辛苦的，无论在哪儿。同时我们应该明白，苦与乐是一种主观感受，完全取决于我们的心态和认识。其实，教师工作和其他工作一样，只要我们想干得卓越，干得受人尊敬，都需付出艰辛的劳动。但是这份艰辛中又包含了多少因为充实而带来的乐趣和幸福呢！正如梁启超在《敬业乐业》中提到的，世上最苦之人，莫过于无所事事之人也，他那种虚无感之苦又有何苦能敌呢！

教师不能不辛苦！但我们要学会苦中作乐，化苦为乐！

他们和我们如此相似

当2008年奥运会赛场上各国代表队上场时，解说员一句经典的话让我记忆犹新：各国的语言我们不能完全听懂，但是我们都有着一个共同的表情，那就是微笑。我还试着给他补充，我们哭泣时的表情也是完全相同的。

我们都是人，于是我们就有着基于人性的若干相似之处。未去之前，我们对英国有着太多的期待，太多的好奇。去了，深入学校调查走访，作为教育者的我们虽然肤色不一样，语言不一样，风俗习惯不一样，但是我们更有着太多的相似。

他们也在进行着长时期的教育改革探索，诉求和我们一致：教育必须为社会的发展培养需要的人才。大家都渴望寻觅到更好地促进学生学习动机，培养学生全面素质，提高学校发展活力的方式。

他们提出《2020 愿景》：要高度关注每一个儿童的进步，加强对促进学生进步的评估手段的应用，力争没有掉队的学生。简称为，"每个孩子都重要""不能放弃任何一个学生"的全纳教育思想。我们中国两千年前孔子就已提出：有教无类、因材施教。

他们强调学生的玩中学，我们早有陶行知的"教学做合一"。他们强调公民教育，绅士淑女风范；我们早已有了礼仪课、思想品德课……

他们和我们有着很多相同的教育困惑、无奈和迷茫；他们和我们一样，都也有着改变现状的梦想和行动。

附：北街小学被录入《百年树人——成都老校名校的历史与使承》一书的纪实文章

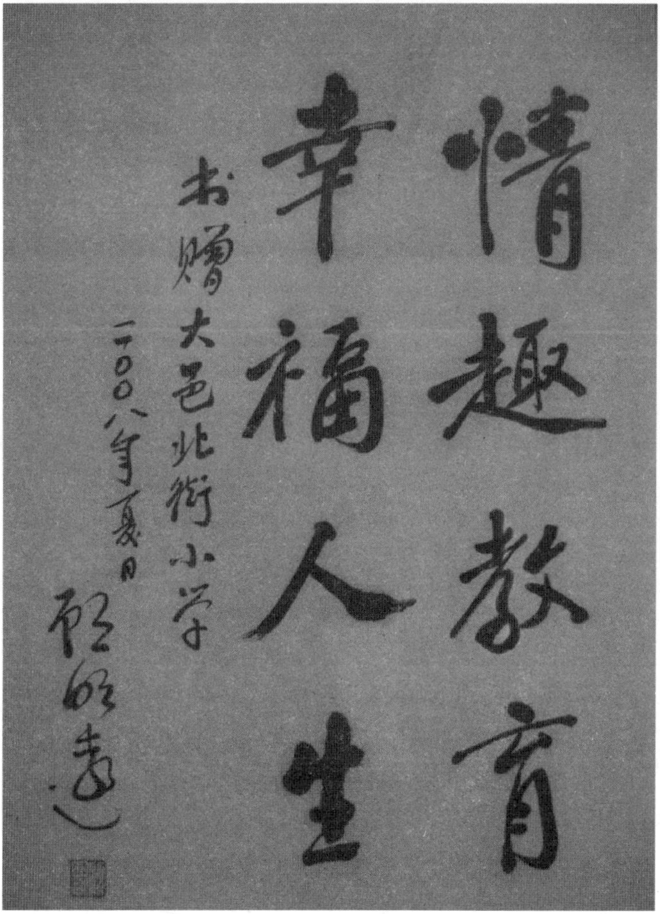

照片6　顾明远题词

百年北小的情趣人生

——大邑县北街小学情趣教育纪实

2009 年 3 月，春暖花开的季节。

大邑县北街小学收到了一份来自首都的礼物——中国教育学会会长、中国教育界德高望重的顾明远老先生手书的“情趣教育，幸福人生”字幅。望着八个遒劲有力的大字，北小人心中的感慨是那么多，那么多……（见照片 6：顾明远先生题字）

思考：在历史的沃土中　情趣教育新芽初绽

21 世纪初，教育在获得快速发展的同时也遭遇着各种各样的问题，其中最突出的是“教师厌教，学生厌学”。人们纷纷探寻着解决之道，北小人也在寻思：“厌倦”来自于负担，而负担主要是一种主观感受。自己愿意做、乐意做的事情还会觉得负担吗？如果让教师享受到教育的乐趣和生命的意义，学生享受到学习的乐趣和学习的幸福，被动的任务要求就会变成主动的心理需求。动力问题一解决，厌教、厌学问题迎刃而解。动力来自于思想，学校教育思想来自于对学校特质的提炼。北小人琢磨着，学校特质应该是有传承性的，该汲取北街小学办学历史沃土中的什么营养呢？北小人开始在学校办学历史的长河里寻觅穿行……

公元 1917 年，偏僻的大邑县城里，一批激进青年和留洋归来的学子，冲破封建遗老们固守的礼教绳索捆绑，创建了一所“县立女子小学”。学校倡导并设立旧书院和私塾从未设立过的史地、艺体、劳体等课程。学校还结合少年儿童年龄特点和兴趣爱好，经常组织学生开展开展各种活动。无疑，此时校园中的师生都是快乐的。

抗日战争时期，“县立女子小学”组织全校师生积极参加抗日爱国宣传、募捐活动。女童们在老师的带领下，排着队伍、手举小旗参加街头游行，呼喊抗日口号、张贴抗日传单，演出街头话剧。全校师生还开展了演讲、科技、游艺、竞赛等活动。社会对女子小学刮目相看。

历史进入二十世纪，昔日的女子小学早已更名为“大邑县北街小学”，逐步发展成为大邑县小学教育界的“龙头老大”。学校开展教学实验，设立各种课外兴趣小组活动。社会对北小的评价是“不死读书，活动多，娃娃灵活”。

（见照片 7：当年校舍）

照片 7　当年校舍

2002 年 9 月，在杨元彰校长的领导下，北小坚定地走上了课程改革之路，成立“少儿艺术团”，广泛开设机器人制作、合唱、管乐、书画、陶艺等兴趣课程，特色教育呈现出蓬勃发展的态势。孩子们走进了街道社区、工厂旷野、河道森林进行考察，在学习中既动手又动脑，沉浸在快乐中。

……

回望历史，北小人领悟到了学校一脉相承的传统：注重实践活动，注重特长培养，在自觉与不自觉中植育学生雅趣和志趣，陶冶学生高尚情感和情操。这些特质可以提升为什么样的教育思想呢？

2005年春末夏初的烟霞湖，阳光和煦，烟波浩淼，几杯香茗，一番热论，北小领导班子在这里向四川省陶行知研究会常务副会长兼秘书长、四川教育学院姚文忠教授请教如何提炼学校的办学特质。

倾听了北小一贯的做法，姚老启发大家关注"情趣"这样的词语。他说"'情趣'富含积极的心理意义，是有益的心理元素。从儿童的角度讲，儿童的生活就是一幅天然的情趣图，育有情趣的学生是符合儿童教育规律的。这是从人的角度去构建和考虑教育的。教育是培养人的，以人的属性来描绘教育应当是正确和适当的选择。"

"听君一席话，胜读十年书"。一抹震动心灵的阳光投进了北小人的心里，一个难以具像又感觉十分清醒的思想流进了北小人的心里。在热烈的思索与讨论中，北小人确立了办学理念"师生发展为根本，科创艺术共育人"，办学目标"办有特质的学校，育有情趣的学生"。在理念与目标的追问中，北小人的具像立起来了："情趣育人""育人情趣"就是学校的特质表现。"情趣教育"当然是学校的教育思想！抓住"情趣"这个最有益的心理元素，就可以解决心理动力问题。师生有了源源不断的动力，厌教厌学的问题不消自除。校园将会成为师生留恋的地方。从此"情趣教育"就成为了北小坚定不移地实施素质教育的抓手，成为北小人实现教育理想的教育追求。（见照片8：情趣石）

照片8　情趣石

践行：情趣热岛　效应凸现

当环境有了情趣……

桢楠高大，银杏挺拔。腊梅溢香，桂花流芳。

扇面依树，方台绕木。珠帘流动，水花飘逸。

榕树巨伞，枇杷小巧。鲜花点头，小草挥手。

卵石济济，岩石层层。字浸石背，文染石痕。

足印彩路，水抚游鱼。古老磬钟，历史遗韵。

这是一段北小人自创的描写校园环境的小诗，字里行间的那一份雅，那一份情，那一份趣，呼之欲出。环境文化的作用是不可小视的。富有情趣的环境对身心的滋养，岂是一个愉悦所能言及？

音乐广场一隅有个不规则的鱼池，池边没有围栏，鱼儿们闲闲地吐着泡，丝毫不理会孩子们近在咫尺的嬉闹。鱼池建成之初，争论颇多，老师们有的担心没有围栏，孩子们会去抓鱼，会掉进水里；有的认为这是教育孩子的良好契机。最终一种声音占了主流：校园文化不能等同于校园美化，校园文化应该通过活动溶入师生的灵魂和精神！

一场以校园文化为依托，培养学生关爱生命的大行动徐徐拉开帷幕。筹划，组织，诱导，安排……鱼池管理小组成立了。孩子们将自己带来的鱼儿放下了水，从此也放进了一颗小心翼翼、呵护备至的心。谁负责观察鱼儿活动情况，谁负责喂食，谁负责记录，一条一款，严谨有序。孩子们在这里挥洒着自己的责任心、爱心、耐心和动手能力。这里，也成为师生们喜欢驻足逗留的地方，山、水、人、鱼，和谐而生动，活泼中不失端庄，内敛里蕴涵丰富，带给人浓浓的情趣。这是一个一举有多得的例子，印证着“校园环境文化建设只要有行为文化建设为基础，人便拥有了一种情调和情怀，也就有了人生与建设的动力，所有问题均有可解”的正确性。（见照片9：孩子在池边放鱼）

照片9　孩子在池边放鱼

一个刚入学的小女孩向着墙上的“蝴蝶叶画”伸出小手，旁边的小哥哥刚要阻止，却见小女孩轻轻地、慢慢地用细小的手指划过叶面，嘴里不停地说：“蝴蝶，蝴蝶……叶子，叶子……”这一刻，小女孩心中一定有一只世上最美丽的蝴蝶在翩翩飞舞。

老师们感慨：当环境多了情趣，美好的激情和热情便会相伴而至。这就是环境的熏染力量，这就是文化的影响力量。家长们也被带动了进来。你看，五年级四班学生唐虎科的妈妈周围倚靠着许多孩子，他们专心致志地看着“妈妈”如何设计花边，如何剪出花边。不一会儿，一条条水波纹般的花边便呈现在大家眼前，孩子们抢着拿到学习园地贴上。家长们围在教室前，欣赏着孩子们的杰作，兴致勃勃地观看着，谈论着。随着参与和了解的增多，“情趣教育”这个词汇在家长们中实现了“陌生→耳熟能详→津津乐道”的美丽跨越，对学校教育也越来越理解和支持。

怀着深深的感悟，师生们拿起手中的笔，与校园中的一草一木真情对话。于是，一篇篇雅致的小文诞生了：《“情趣石”记》《小池“风景”》《大榕树之歌》……

当管理有了情趣……

“我越来越喜欢北小了！”2007 年 9 月，怀着惴惴不安的心情，闵艳老师交流到了北小。听说北小的老师多出自干部家庭，很傲气；北小的学生见多识广，对老师要求高。我能适应吗？闵老师心里犯着嘀咕，一面小心翼翼地观察着，感受着。慢慢地，她发现：北小的老师很和气，北小的学生活泼又可爱，北小的领导没架子如伙伴。这是情趣所致，是“情趣教育”的思想体现。在同校长和同事共同诵读《敬业与乐业》《世界的饥饿地图》《做人处事二十一条法则》等文章中；在同校长和同事共同唱起《团结就是力量》《真心英雄》《感恩的心》等歌曲中；在聆听校长的《“成也‘舌头’，败也‘舌头’”》的专题演讲中；在和包蕾校长和同事的彼此拥抱和谈心中……闵艳老师感觉自己就像走进了一个大家庭，情不自禁地在阅读本上写下自己的强烈感受："我发现自己越来越喜欢北小了！"

当管理有了情趣，干群之间便有了情感的介入，良药不再苦口，忠言不再逆耳。

"天哪！我真的得了第一？""天哪，我真的得了第一？"2009 年 5 月 12 日，"大邑县小学语文教师教学大比武决赛"在进行着，代表北小参赛的许道敏老师执教《迷人的夏天》一课。比赛结束，主持人宣布结果，许老师获得第一名。

许老师满脸激动和喜悦，又有些难以置信，"原来在这儿（南小学术厅，因其容纳量较大，常常作为县级学术活动场）听课的时候，我从来没有想到过有一天自己会站到上面去上课，更没有想到会代表学校参加比赛，得'第一'是想都不敢想的事情。"

消息传到学校，人心震撼。比赛前，大家对许老师并不看好。也难怪，许道敏是一个不起眼的教师，从没有参加过任何比赛，连大型的教研课也没有上过一次。她自己也习惯了这种平淡，把自己定位在不让领导操心，不让家长埋怨，不让学生讨厌的位置。老师们议论纷纷："道敏得了第一？简直不可思议……"惊讶的同时，大家似乎若有所思。分管教学的副校长王莹菊微笑地看着老师们："如果你们看到这段时间许老师是如何'炼课'的，就不会感到这么意外了！每个老师都有潜力走向成功，只要肯努力，学校就会竭尽全力成全你。尽管在大家的印象中许老师似乎不具备担当比赛重任的条件，但是在校级比赛中她的课堂效果最好，看得出她的努力，那么学校就应该给她机会，助她成功。从这个意义上讲，无论比赛结果怎样，都是收获。"这是情致所致，"情动于心"的情趣教育思想在实践中的体现。

载誉归来,许老师感慨万千:“除了高兴,除了感谢和感动。我更多的是感慨:原来总觉得学校不给自己机会,其实很多时候机会是靠自己的努力去获取的。真的是有努力就会有收获啊!”

当教学有了情趣……

“烫手的山芋更香甜”。胡建超老师新接的这个班,被喻为“烫手山芋”。上课了,他还没走到门口,里面就传来嘈杂的打闹声。走进教室,短暂的安静后又是一片哄闹。见此情景胡老师一言不发地来到学生中间转悠,一会儿看看这儿做什么,一会儿听听那儿说什么。这异常表现引起了孩子们的注意,有的在自觉与不自觉中开始端正地坐在了座位上,老师向他们投去微笑。时间一分一秒地过去,教室里的声音逐渐减弱,十分钟后,终于鸦雀无声了。

“看来你们讲累了,现在该我说了,没人反对吧?”老师走上讲台,“刚才听见有人在谈李宇春,我也想知道李宇春的情况。谁来给我讲讲?”

孩子们一片愕然,惊诧的眼光投向老师。

胡老师又重复了一遍。一个很阳光的女孩站起来流畅地介绍了李宇春的情况。胡老师让大家说说你喜欢李宇春的理由。

一阵议论纷纷之后,一个女生说道:“李宇春还是个美女。”

契机来了!胡老师一阵窃喜,故作神秘地追问:“李宇春是个美女。所有美女身上都有一个共同的数学知识,你们知道是什么吗?”孩子们一脸疑惑地盯着老师。

吊足了胃口后,老师接着说道:“每个美女的上身长度与下身长度的比都在0.618左右,这就是数学史上著名的黄金比。”

“啊,什么是黄金比?”有几个学生在小声问。

“我们这册数学书上有相关的知识,今后再给你们讲,好不好?”绝大部分同学在点头。

"我还听见有人在议论福尔摩斯，能不能给大家讲讲福尔摩斯的故事？"

一个机灵男孩站起来，绘声绘色地讲到福尔摩斯遇到的一件案子：某年某月深夜十二时许，某商店失盗大宗贵重物品，罪犯驾车离去，现在已缉捕甲、乙、丙三名犯罪嫌疑人。已确定三条事实：(1) 除甲、乙、丙三人外，已确认本案与其他人无关；(2) 丙假设没有甲作帮凶，就不能作案盗窃；(3) 乙不会驾车。甲是否犯了盗窃罪？福尔摩斯三言两语就把疑问完全解决了，同学们你们知道福尔摩斯是怎么解决的吗？

同学们拧起了眉头，有的学生在纸上画起来……。

老师说："刚才这位同学讲的故事中，隐含着重要的数学思维。这种思维在数学中我们称之为逻辑推理思维。主要是应用有关的逻辑知识，从已知的一些条件出发，通过推理分析，获得结论。"

教室里出奇的安静，时间在不知不觉中流逝了……

从此，孩子们喜欢上了数学。

胡老师深有感触地说："菜中加入盐会让人食之有味。当教学加了情趣，情味、兴味和趣味诸味俱出，烫手的山芋更香甜。"

"孩子们真正拥有了童真、童趣、童韵"。"老师，杨洋画的树是蓝色的！""老师，老师，他画的树干还是黑色的！""老师，他画的好难看哦！"……

杨洋"哇"地一声大哭起来，老师急忙制止告状的孩子，把手放在杨洋的头上轻轻地抚摸着，弯下身对他说："把你的画给老师看看行吗？"

"如果你觉得画错了，不要紧的，老师不会批评你的。"老师微笑着鼓励他。杨洋用手擦着眼泪，从抽屉里拿出画。

接过一看，好一幅漂亮的画：画面上三棵不同形状的树，黑色的树干，蓝色的树冠，结有不同的果实；树下还有一只五彩的公鸡，嘴里叼着一条虫；树干底部画有草丛，盛开着五颜六色的花……

“好漂亮哦！”老师边说边把画举起来。听到老师的赞赏，孩子们争先恐后围过来，小脸满是疑问：“老师，我们平时看见的树不是棕色的树干、绿色的树冠?”“老师，杨洋明明画错了，你怎么不批评他，还说他画的好呢?”……

“这是装饰画中的画法。老师不是告诉过你们，可以画出春天的绿树，秋天的红树吗？为什么不可以画出黑树、蓝树呢？只要画面需要，我们就可以画出不同色彩的树。杨洋就想到了这一点，他的画就很漂亮。只要你的画和别人不一样，有特别之处，画出自己的想法和感受，画面有情趣，就是一幅好画！”教室里掌声四起，杨洋笑起来，挂着泪珠的小脸像极了朝阳下生动的花。

从此，杨洋不仅画画越来越优秀，在其他方面也越来越优秀。上这堂课的老师名叫张艳君，她说，情趣教育就是从人的“动力”上去着力，教学中要特别重视评价调动动力的作用，有了情趣，孩子们就会真正拥有童真、童趣、童韵。

当活动有了情趣……

“我们科创教育活动的方向更明了！”2006 年 9 月，窗外华灯初上，桌上的清茶飘着淡淡的雾气，张兴鹏老师翻阅着手中的“践行情趣教育，构建情趣北小”实施方案，脸上不由自主地浮出微笑。作为学校科创教育的负责人，一直困扰着他的那个问题，今天终于找到了突破口。

北小的科创教育源远流长，在科创方面取得了许多骄人的成绩：

2003 年 4 月 7 日，中央电视台《异想天开》栏目组进驻北小，北小科创组击败了全国众多竞争对手，四位同学设计的“诺亚方舟飞碟船”获《异想天开》一等奖，获得时任中国科技馆馆长王渝生高度评价："没有拘泥于方舟一定要是船形，将古代神话与现代科技联系在一起，真是异想天开，茅塞顿开。"

（见照片10：方舟演示现场）

照片10　方舟演示现场

2004年5月，北小9名学生进京参加"全国争当小实验家"总决赛，获得"1金，3银，5铜"的骄人成绩。在人民大会堂召开的"全国科创总结表彰大会"上，北小被授予"全国青少年科学体验活动示范校"，九位获奖学生授予"小实验家"称号。同时，北小被中国少年科学院，少工委授牌为"中国少年科学院科普基地"，5位教师被评为"全国优秀科技辅导员"……

但北小的科创教育遭遇到了发展的瓶颈，因为缺少一个核心思想作为高端引领，科创教育只能是"身在此山中"的"就子打子"，发展空间受到了局限。

现在好了，望着手中的情趣教育实施方案，张老师舒了一口气。"情趣教育"为科创教育找到了思想依托，同时也让科创教育有了明确的目标引领。

科创教育与情趣教育的连接点在哪儿呢？张兴鹏组织科创组的老师们坐下来讨论。大家一致认为：科创教育是培养学生志趣的重要途径，科创活动能让孩子学会从平淡中发现乐趣，从细微中悟出博大，从浮躁中体悟执著等，可以培养学生发现的情趣、生活的情趣、审美的情趣和公益的情趣。老师们笑逐颜开："我们科创教育的方向更明了！"

在情趣教育思想引领下，科创组的老师们总结提炼出北小科创教育的"三全一自主"模式，"三全"从面向全体学生入手，指全员创作制作、全员参观考察、全员种植养殖；"自主"从关注个性发展入手，指学生自主选择活动内容。在"三全活动"的基础上，学校将每周星期三下午的课程设置为情趣教育活动课程。在活动课程中，喜欢科创的孩子们可以自主地选择由学校科创教师开设的各项课程（如机器人、电动车、小实验、航空飞机、升空火箭等）学习。

孩子们的科创兴趣空前高涨，北街小学的科创教育迎来了自己的旺季：

孩子们踊跃地订阅或购买各种科普书籍：《小哥白尼》《牛顿》《科技展望》《奥秘》……其热情让语数课教师也感到眼热，开玩笑说："读我们这个学科的书咋没这么积极呢？"

学校鱼池管理员五年级六班学生李哲希正在日记本上记录着：6 月 12 日　晴　最近几天我感觉鱼群的食量变小了，我有些担心。仔细观察发现鱼池底部有厚厚的青苔，其间有些小生物。哦！原来整个鱼池已经形成了一个完整的生态系统。从此不用担心鱼挨饿了。

2008 年 5 月 12 日午时 2:30 分，剧烈的震动过后，孩子们被疏散到操场里，三年级一班的陈瑶瑶满脸惊恐，双手却小心地捧着一个纸盒子不放，盒子里躺着几只蚕宝宝。妈妈来接她，要她放下盒子，她死活不肯，一只手攥紧妈妈，另一只手紧抱盒子。

……

“问题孩子有了引力源”。五年级一班学生王浩是个典型的“问题儿童”：厌学、打人、骂人。孩子们见到他如见“瘟神”。

偶然的机会，王浩看到了陶艺，对于都市少年王浩来说，“玩泥巴”是非常有诱惑力的事。看着王浩渴望的眼睛，负责陶艺活动的曹友章老师心里一动：一个爱好可以激发对事物的关切和喜爱的情绪，促成旨趣和雅趣的形成，这可是一个契机。他与王浩约法两条，第一、管好自己的手脚，不准乱扔陶泥和随便离开座位；第二、管住自己的嘴，不准随便说话，更不能骂人？没想到王浩满口答应。加入陶艺组后，王浩的课堂纪律确实有了很大的改观。偶尔旧病复法，只要提醒可能失去参加陶艺活动的资格，他就会乖乖地管好自己。

（见照片 11：孩子们制作陶艺）

照片 11　孩子们制作陶艺

每个人的心中都潜藏着对美好事物、美好情感的向往，这种向往凝结为一种情趣成为心理动力，这种力量强大到足以形成一种自律。对陶艺的热爱成为了王浩的自律武器，对陶艺的热爱也让王浩的“陶艺”天赋充分发挥出来了：每节陶艺课，他的作品不仅最先完成，而且形态新颖很有创意。尤其是他捏制的恐龙让孩子们折服，做的人物面具颇有“三星堆”面具的韵味。上机操作也常数他的心点找得准，成型最好。

老师们深深地体会到：当活动有了情趣，就成为诱人的引力源。问题孩子有了引力源，兴趣提升为旨趣，也就顺理成章了。

求证：从小心翼翼到理直气壮

从情趣教育提出来的那天起，北小人一直小心翼翼，情趣教育真的如自己所想的那样“立得住脚”？北小人需要外界的声音来肯定自己的判断。

查阅资料，国家总督学顾问、中国教育学会副会长陶西平曾谈到青岛市市南区实验小学的情趣教学实验，评价颇高：“情趣是动力，人有了情趣，他就去追求，有了追求，他就会把事情做好”“这真是站在了素质教育的前沿”。北小人想，相对于青岛市南区实验小学的实验，我们将情趣教学提升到了情趣教育的高度，还制定了明确的目标、具体的行动策略、践行的途径、师生有情趣的标准……应该不会错吧！

多方探询，众多教育专家对情趣教育作出高度评价：“情趣教育”这个概念的提出，就是一种成功、就是一个成果；与智育、美育、德育、体育与其他劳动教育相比，情趣涵盖了教育的方方面面，晕染上鲜亮的感情色彩，趣味的色彩，品味的色彩，更使人向往的色彩。从这两点看，情趣教育有相当大的包容度，能够直接落实在学校的主体上。北小人的心踏实下来。

2007 年 5 月，包蕾校长到北师大参加校长培训班学习。第三周小组讨论题目是“谈谈自己学校的办学特色”，包蕾如实地将学校“情趣教育”实施情况讲了出来，引起了全国各地校长们的浓厚兴趣，很多人都赞成欣赏这种思考和作法，并一致推荐包蕾代表小组在全班交流。当周星期四下午包蕾在全班以《复杂的素质教育背景下简单快乐当校长》为题陈述了以“情趣教育”为抓手，实施素质教育推动学校发展的历程，班主任和校长们纷纷叫好。

2008 年 4 月 7 日，全国校长发展学校的 150 余名校长代表来到北小。充满趣味的参观结束后，中央教科所毕诚教授提笔挥毫，写下“情趣教育”四个大字赠给北街小学。南京教科所所长刘永和现场点评后充满激情地说：“……今天，我们领略到北街小学的情趣教育，北街小学处处充满情趣，今天我们的活动也富有情趣，我们再次以热烈的掌声向北街小学，向包蕾校长表示衷心的感谢！”

2008 年 12 月 6 日，四川省教育学院姚文忠教授考察北街小学的“情趣教育”后做了个概括：情趣教育很可能是中国素质教育的另外一个版本！并以“情趣教育——素质教育的一种探索”为题作了专题讲座。

2008 年 12 月，北小人编著的《守望童心》一书在四川省陶行知教育研究会的组织下正式出版了。该书展现了北街小学的发展历程，展现了北街小学“情趣教育”孕育产生的过程。全国教育部小学校长培训中心主任、北京师范大学教育管理学院院长、博士生导师褚宏启教授写下了这样的阅读感受：好教育必然内含着某种心灵的引导和精神的激励，这是好教育把人引向卓越和高贵的根本所在。好教育给人以好人生。好教育是唤醒、激励、感染、鼓舞着人们求真向善臻美的。书中集中描写了情趣教育的发生、发展，教师从事科研，学校艺术科创三大方面发生的故事，故事前后以题记或小结的形式揭示教育规律，文字的清新雅致让人快意舒爽，或隐或显的教育思考耐人咀嚼留恋。全国多所学校提出与北街小学联盟开展“情趣教育”课题研究，目前秦皇岛、青岛、甘肃、重庆地区的几所学校已开始与北街小学合作。

（见照片12：《守望童心》书）

照片12 《守望童心》书

其实,最让北小人自信和坚定的是学校践行情趣教育所带来的良好成效,教师的精神风貌感染着每一个人,校园的愉悦氛围愉悦着每一个人的感觉。到过北小的朋友们感慨到:北小的氛围特别好,北小的老师很可爱,北小的学生很有灵气。家长们说,感谢情趣教育,她让我的孩子在富有情趣的学校氛围中,在富有情趣的老师培养中正慢慢地成为一个身体健康、乐观开朗、关心他人、热爱学习的情趣孩子。

又是一届情趣教育科研周来临,北小人齐声诵读着一首由包蕾校长所作的小诗。舒展的眉头,明亮的眼神诉说着彼此内心的快乐;激昂而饱满的声音传递着内心的坚定和力量:

我们奔向何方?
向着朝阳!
那里有自由的绿色,
那里是缤纷彩虹的故乡,
那里有梦想的怀抱,
那里孕育灿烂的理想。
那里,情趣在浸润,
那里,情趣在流淌。

相信和感谢(代后记)

记得一次和一位校长讨论：中国未来能不能实现大国崛起之梦想？她提到新加坡的法制健全、教育水平、道德水平很高是实现新加坡崛起的重要元素。他借用周立波的描述：中国现在是传统价值观崩溃，社会形态转移，家庭结构瓦解，网络媒体当道的很糟糕的时代。显然，他对未来没有信心。我恰恰对祖国的未来，教育的未来充满信心。除了列数我遇到的若干国际间走动的人的积极看法来证明我的观点外，我还用《新加坡中小学教育特色与借鉴》和他辩论，书中提到 20 世纪 50 年代到 70 年代期间新加坡的社会、教育的迷乱、不和谐现象比我们现在的状况有过之而无不及。他们能走过弯路，实现崛起，相信我们也行。他笑着说：好了，不辩了，每个人都像你这样乐观，中国就真的崛起了。

很多接触过我的人总会给我这样的评价：包蕾是个乐观主义者。对于这样的评价我是当成对我的奖赏，乐呵呵的，甚至是傻笑着照单全收。

为什么要相信未来？我不是无视现实的愚蠢，也不是自不量力的轻狂，更不是高谈阔论的漂浮。因为它能给我希望，因为它能给我力量，为此，关于未来我总作乐观的想象。因为我亲眼看到当代中国教育人如火如荼的激情，看到他们不屈不挠的努力，看到他们今天区别于昨天，那向善、向上的巨大变化。还因为今天繁荣的中国，我们还有什么理由不相信未来？

我经常还做这样的想象：假如中国的校长们都能携起手来，朝着相同的方向、跳起教育的舞蹈，那该是何等壮观的景象，更是一种何等排山倒海、翻天覆地的力量呢！

朋友，和我一样做坚定的乐观主义者吧，相信未来，热爱教育。

人是善于遗忘的：青春的豪情万丈，初恋的羞涩悸动，刚参加工作的铮铮誓言，曾经刻骨铭心的爱，曾经撕心裂肺的痛别人的恩，自己的悔……在岁月的流觞中渐行渐远，难觅踪迹。“向之所欣，俯仰之间，已为陈迹，犹不能不以之为兴怀。”为了铭记，为了自励，为了将来不再后悔，我用真诚记录自己的学习心得，也记录对这本书的完成给予巨大帮助的朋友、领导、专家的感谢。十年前，在我还是副校长的时候，四川省教育学院姚文忠教授就鼓励我要敢于表达，善于表达，他激励我通过写作提升自己。

参加教育部举办的小学校长研修班、研究班时结识的北师大的老师们给了我许多无私的帮助和指引，他们对学问的专注，对学员的关爱，对国家民族前途的忧思给我留下深刻的印象，启迪着我，鞭策着我。特别让我感动的是教育部小学培训中心主任褚宏启教授，没想到他居然同意在百忙之中挤出时间阅读本书，还为本书写序；培训中心对校长学员的殷切期望，无私帮助可见一斑。

要感谢县教育局且局长，是他推荐我参加北师大的研修班培训。如果没有这个高端的培训，我恐怕难以有撰书表达的勇气。

要感谢的还有北小的老师们，是他们鲜活的实践，动人的努力，无私的支持，给了我源源不断地动力和素材，给我一生受用不尽的人性美好的真实体认。

要感谢王莹菊、孙祥辉、刘宇、杨燕给予的帮助，像野草莓般可爱的他们，快乐地为本书操劳的他们，总让我感动和感怀！

要感谢的人还有很多很多，挂一漏万间对未书面致谢的朋友们表达深深地歉意。

由于水平所至，能力所限，难免错误，敬请赐教，不甚感谢。

包　蕾

2011年6月20日